出 版 说 明

　　为进一步把学习贯彻习近平新时代中国特色社会主义思想和党的二十大精神引向深入，帮助广大干部群众深刻理解中国式现代化的鲜明特色和丰富内涵，更好把握强国建设、民族复兴的目标任务和实践要求，我们在深入调研的基础上，组织编写了2023年通俗理论读物《中国式现代化面对面》。本书紧紧围绕中国式现代化的理论和实践，联系新时代十年的伟大变革，结合干部群众的思想实际，对17个重大问题进行了深入浅出的回答，力求说理深刻、透彻、晓畅，注重文风平实、朴实、切实，可作为干部群众、青年学生开展理论学习和思想政治教育的重要辅助读物。

中共中央宣传部理论局

2023 年 8 月

弘扬中华优秀传统文化

第一章

中国古代文化

◎ 中共中央党校出版社

理论导刊 理论出版 2023

图书在版编目（CIP）数据

中国式现代化面对面：理论热点面对面·2023 / 中共中央宣传部理论局编 . -- 北京：学习出版社：人民出版社，2023.8

ISBN 978-7-5147-1219-3

Ⅰ.①中… Ⅱ.①中… Ⅲ.①现代化建设－中国－学习参考资料 Ⅳ.① D61

中国国家版本馆 CIP 数据核字（2023）第 141644 号

中国式现代化面对面——理论热点面对面·2023

ZHONGGUOSHI XIANDAIHUA MIANDUIMIAN——LILUN REDIAN MIANDUIMIAN · 2023

中共中央宣传部理论局

责任编辑：边　极　任　民
技术编辑：纪　边
装帧设计：杨　洪　美　威

出版发行：学习出版社　人民出版社
　　　　　北京市崇外大街 11 号新成文化大厦 B 座 11 层
　　　　　010-66063020　010-66061634　010-66061646
网　　址：http://www.xuexiph.cn
经　　销：新华书店
印　　刷：北京盛通印刷股份有限公司

开　　本：710 毫米 ×1000 毫米　1/16
印　　张：15.5
字　　数：148 千字
版次印次：2023 年 8 月第 1 版　2023 年 8 月第 1 次印刷

书　　号：ISBN 978-7-5147-1219-3
定　　价：26.80 元

如有印装错误请与本社联系调换，电话：010-67081356

目　录

1 强国复兴开新篇

——如何理解党的二十大是开启全面
建设社会主义现代化国家新征程
关键时刻召开的重要会议？

　　在历史和时代的漫漫航程中，总有一些影响深远的重大事件，犹如熠熠生辉的航标，指引着人们的前行之路。在全党全国各族人民迈上全面建设社会主义现代化国家新征程、向第二个百年奋斗目标进军的关键时刻召开的党的二十大，就具有这样的意义。从历史回响和现实启示中，我们能够深深感悟到，中华民族和中国人民的前途命运紧紧系于中国共

产党，新时代新征程强国建设、民族复兴的发展走向紧紧系于党的二十大。

今天的中国，以自己的奋斗前所未有地接近实现中华民族伟大复兴的目标，以自己的贡献前所未有地影响着世界。置身于这样宏大的时空背景中，立志千秋、胸怀天下的新时代中国共产党人，开始了新的思考和谋划。党的二十大立足中华民族伟大复兴战略全局和世界百年未有之大变局，擘画了全面建设社会主义现代化国家、全面推进中华民族伟大复兴的宏伟蓝图，指明了新时代新征程党和国家事业发展的前进方向。习近平总书记在大会上所作的报告，是以中国式现代化全面推

直播现场

全球媒体聚焦党的二十大盛况

进中华民族伟大复兴的政治宣言，是以中国智慧推动建设更加美好世界的行动纲领。

◇ 发出历史强音　吹响时代号角

时间是最好的明证。党的二十大作为推进强国建设、民族复兴历史进程中的重要里程碑，其重大历史地位和深远历史意义，已经并正在随着时间的推移和实践的发展，更加鲜明、更加全面地彰显出来。

统一思想、统一意志、统一行动。在百年奋斗历程中，我们党筚路蓝缕、坎坷奋进，创造了恢宏伟业，如今走进了新时代、踏上了新征程。面向未来，我们党举什么旗、走什么路、以什么样的精神状态、朝着什么样的目标继续前进，全党上下高度关心，全国人民热切期盼。党的二十大鲜明提出了大会主题和一系列重大论断，选举产生了以习近平同志为核心的新一届中央领导集体，为党和国家事业开创新局提供了正确的方向指引和根本的政治保证，使9800多万名党员、14亿多中国人民知所趋赴、行有依靠。在推进中国式现代化的新征程上，有习近平总书记掌舵领航，有以习近平同志为核心的党中央坚强领导，党和人民就能团结成"一块坚硬的钢铁"，形成无坚不摧、无往不胜的磅礴伟力。

把握历史方位、坚定历史自信、增强历史主动。历史贯通着过去和未来，蕴含着智慧和精神。党的二十大是我们党在走

党的二十大代表风采

过百年历史、经历新时代十年之后召开的一次党的全国代表大
会。这是党的二十大最鲜明的历史方位，也是党和国家事业继
续前进的时代坐标。在这样的时间节点，大会充分汲取党百年
奋斗的历史养分，深刻总结新时代十年伟大变革的宝贵经验，
科学把握历史规律和时代潮流，以更加强大的精神动力和思想
伟力，为继续推进中国现代化建设指明了正确方向。

统筹大局、谋划全局、整体布局。习近平总书记指出：
"战略是从全局、长远、大势上作出判断和决策。"善于从战略
上思考和谋划问题，制定正确的路线方针政策，是我们党的政

治优势和重要经验。我们这样一个大党大国，面临的世情国情党情极为复杂，承载的使命任务异常艰巨，更需要拓宽视野、打开格局，从战略上看问题、作决策。党的二十大登高望远、谋深虑远，从我国发展面临的新的战略机遇、新的战略任务、新的战略阶段、新的战略要求、新的战略环境出发，提出了一系列着眼全局、关乎根本的部署和举措，对党和国家事业发展起到长远的指导作用。

彰显中国理念、中国方案、中国担当。当今世界百年未有之大变局加速演进，进入新的动荡变革期，全球不稳定、不确定、难预料的因素不断增加，从一定意义上说这个"大变局"也是一个"大乱局"。人类往哪里去、世界该怎么办？越来越多的国家期待听到中国声音、期盼看到中国方案。党的二十大从构建人类命运共同体的高度，把中华民族伟大复兴的千秋伟业同世界和平与发展的崇高事业统一起来，让中国的发展既造福自己，也惠及世界。正如有媒体评论，"党的二十大为动荡不安的世界注入了满满的正能量"。

◇ 擘画宏伟蓝图　续写绚丽华章

时间的流淌，积聚着强国建设、民族复兴滚滚向前的强大势能。经过几代中国共产党人的长期不懈奋斗，特别是党的十八大以来的砥砺前行，党和国家事业站到了新的起点上。党的二十大站在历史和全局的高度，从新的实际出发，深入阐述了中国式现代化，对新征程上我们朝哪走、怎么走进行了深邃思考，提出了未来一个时期的大政方针和目标任务，描绘了党和国家事业的美好发展前景，极大丰富了中国式现代化的理论和实践。

中国式现代化的意义地位更加彰显。实现中华民族伟大复兴，是100多年来中国人民的共同梦想。为了实现这个梦想，无数仁人志士先后尝试过洋务运动、戊戌变法、辛亥革命等，均没有取得成功。孙中山先生也提出过《建国方略》，对振兴中华作出了一些设想，但在当时的历史条件下没有也不可能实现。通过现代化走向民族伟大复兴，这是中国共产党领导人民

相关链接

外国政要评价中共二十大

◎越共中央总书记阮富仲：坚信在以习近平同志为核心的中共中央领导下，在习近平新时代中国特色社会主义思想指引下，中国全党和全国人民必将完成中共二十大提出的各项目标，早日基本实现社会主义现代化，将中国建设成为富强民主文明和谐美丽的社会主义现代化强国。

◎俄罗斯联邦安全会议副主席梅德韦杰夫：在新时期，中国共产党作为强大、不可撼动的力量，成为中国人民逐梦征程上的真正领路人。

◎新加坡总理李显龙：中共二十大作出的决定将为中国下一阶段发展提供一个清晰的愿景，相信中国将继续朝着其长期目标前进。一个繁荣稳定的中国有利于地区和世界。

◎法国共产党全国理事会主席、参议院副议长洛朗：中共二十大对中国乃至整个世界都至关重要。当前人类面临诸多挑战，大会传递的发展、和平、共享的信号令人期待。

直播现场

"党代表通道"展现自信开放形象

在长期探索、反复比较中得出的历史结论。党的二十大把历史的发展潮流和中国人民的共同愿望高度统一起来，首次明确提出以中国式现代化全面推进中华民族伟大复兴。实践已经并将继续证明，中国式现代化走得通、行得稳，是强国建设、民族复兴的唯一正确道路，是我们为如何唤醒"睡狮"、实现民族复兴这个重大历史课题所给出的答案。

中国式现代化的奋斗目标更加清晰。中国式现代化是一个接力推进的过程，我们已经全面建成小康社会，迈上了全面建设社会主义现代化国家的新征程。党的二十大在十九大作出的战略安排基础上，对到本世纪中叶我国发展分"两步走"作了进一步阐述，提出了到2035年我国发展的总体目标，强调在基本实现现代化基础上继续奋斗，到本世纪中叶把我国建设成为综合国力和国际影响力领先的社会主义现代化强国。在这个总的时间框架内，党的二十大明确了未来五年的战略定位，强调这五年是全面建设社会主义现代化国家开局起步的关键时期，同时提出了这一阶段的主要目标任务。这体现了长期性和阶段性的有机统一，使中国式现代化既催人奋进又可感可行，有利于激励人们朝着宏伟目标一步步前进。

中国式现代化的任务部署更加明确。推进强国建设、民族复兴是一项宏大的事业，涉及改革发展稳定、内政外交国防、治党治国治军方方面面，需要各方面各领域共同推进才能完成。围绕未来五年我国经济社会发展的主要目标任务，党的二十大对经济建设、政治建设、文化建设、社会建设、生态文明建设和党的建设，以及国防和军队建设、港澳台工作、外交工作等进行了全面部署，为亿万人民奋进新征程、建功新时代提供了行动指南。特别是党的二十大报告对教育科技人才、全面依法治国、国家安全3个方面列出专章，相应提出了一系列重大任务部署。这在党的全国代表大会上还是第一次，体现了打基础、补短板、强弱项的战略考量，反映了对现代化建设规律的深刻把握。

蓝图已经绘就，奋斗正当其时。今日之中国，江山锦绣、人民豪迈、前景光明。唯有脚踏实地、苦干实干，才能让梦想照进现实，让行动成就未来。

◇ 牢记"三个务必" 追逐光荣梦想

1949年3月，全国革命胜利前夕，针对党内可能出现的骄傲自满、不求进步、贪图享乐等情绪，毛泽东同志提出"务必使同志们继续地保持谦虚、谨慎、不骄、不躁的作风，务必使同志们继续地保持艰苦奋斗的作风"，以这"两个务必"来告诫全党同志不能被胜利冲昏头脑，使党在夺取全国政权后经

直播现场

学习宣传贯彻党的二十大精神热潮不断兴起

受住执政的考验。在党的二十大上，面对新时代新征程我们党的使命任务，习近平总书记发出了"三个务必"的号召，就是要求全党牢记中国共产党是什么、要干什么这个根本问题，奋力走好新的赶考之路。

从"两个务必"到"三个务必"，70多年过去了，时代在变、形势在变、任务在变，但不变的是中国共产党对国家、民族和人民的高度责任，是强烈的担当精神和深沉的忧患意识，并时时警醒自己、激励自己，始终保持昂扬的斗志和蓬勃的朝气。新时代新征程，前景无比光明，责任无比重大，需要我们始终牢记"三个务必"，始终保持那么一股子劲、一股子气，坚定不移把强国建设、民族复兴推向新的历史阶段。

务必不忘初心、牢记使命。不忘初心，方得始终；牢记使命，才能致远。初心和使命，深刻揭示了一个政党安身立命之本和兴旺发达之要，是立党兴党强党取之不竭的力量源泉。100多年来，我们党始终把为人民谋幸福放在心中、把为民族谋复兴扛在肩上，无论面临多大挑战和压力，无论付出多大牺牲和代价，都坚定不移、毫不动摇。遍观世界，没有哪个政党像我们党这样，为了人民和民族的利益，付出如此巨大的牺牲，作出如此卓绝的努力，无愧为中国人民的主心骨、中华民族的顶梁柱。新征程上，我们党要领导14亿多中国人民在中华大地上书写现代化的宏伟篇章，必须靠初心激发力量、靠使命鼓舞斗志，引领和感召全体人民不断朝着共同的目标迈进。

务必谦虚谨慎、艰苦奋斗。谦虚是中国人最为看重、最为珍视的美德之一，早在《尚书》中就留下了"满招损，谦受益"的古训。可见，谦虚谨慎是一个人修身立德的基本准则，也是一个政党治国理政的长久之道。做到了谦虚谨慎，才能戒骄戒躁，保持艰苦奋斗的优良作风。今天，我们党领导人民取得了举世瞩目的发展成就，在各种光环的照耀下，在众多赞誉的包围中，我们更应该保持清醒冷静的头脑，始终谦虚谨慎，永远艰苦奋斗，以永不懈怠的精神状态和一往无前的奋斗姿态，不断把我们的现代化事业推向新的境界。

务必敢于斗争、善于斗争。斗争是矛盾原理的具体运用，矛盾是普遍存在的，所以斗争也无处不在、无时不有。我们讲的斗争，既包括重大的战役战斗，也包括日常的生产生活，既有生与死、血与火的革命锻造，更多的则是平凡岗位上的实践创造。现在虽然是和平年代，我国发展也正处于历史上最好时期，但是"发展起来以后的问题不比不发展时少"，并且问题的严峻性、复杂性、系统性更加凸显，解决起来更加考验我们的勇气和智慧。这就需要我们保持斗争的锐气，练就斗争的本领，依靠顽强斗争打开事业发展新天地。

新征程是充满光荣和梦想的远征。面向未来，我们坚信，在以习近平同志为核心的党中央坚强领导下，在习近平新时代中国特色社会主义思想和党的二十大精神科学指引下，全党全国各族人民踔厉奋发、勇毅前行，一定能创造出新的更大奇迹，一定能谱写出中国式现代化更加绚丽的华章。

深度阅读

1.《中国共产党第二十次全国代表大会关于十九届中央委员会报告的决议》，《人民日报》2022年10月23日。

2. 习近平：《高举中国特色社会主义伟大旗帜　为全面建设社会主义现代化国家而团结奋斗——在中国共产党第二十次全国代表大会上的报告》，《人民日报》2022年10月26日。

2 自信自强启新程

——如何理解新时代十年伟大变革为
全面建设社会主义现代化国家打下
坚实基础？

当我们经过一段历史的时候，身处其中有时会觉得很平常，但回过头去看，把一桩桩事件、一个个片段串成整体，就会对这段历史的意义有更加深刻的认识。"看似寻常最奇崛，成如容易却艰辛。"新时代十年，在时间长河中犹如白驹过隙，只是短短一瞬间，却以极不平凡的伟大变革和历史成就，如此深刻地改变了中国，在党史、新中国史、改革开放史、社会主义发展史、中华民族发展史上标注了崭新高度。

新时代十年，党和国家事业之所以取得历史性成就、发生历史性变革，根本在于习近平总书记掌舵领航，在于习近平新时代中国特色社会主义思想科学指引。实践雄辩地证明，"两个确立"是新时代十年实现伟大变革的决定性因素，对新时代党和国家事业发展、对推进中华民族伟大复兴历史进程具有决定性意义。作为党在新时代取得的重大政治成果，"两个确立"已经成为全党全军全国各族人民的高度共识和共同意志，已经写在了新时代的伟大征程上、写在了全党全军全国各族人民的心坎上，是我们战胜一切艰难险阻、应对一切不确定性的最大底气和保证，必将引领强国建设、民族复兴航船劈波斩浪、行稳致远。

◇ 五年成就举世瞩目

每一个时期，都会以其鲜明的特征在历史上留下印记。对党的十九大以来的五年，党的二十大用"极不寻常、极不平凡"来描述。的确，这段时间对整个国家、对我们每个人来说，"都不容易"。刚刚经历过，大家也都感受颇多、感慨系之。面对外部环境的急剧变化和严重冲击，面对世纪疫情的反复肆虐，我们党团结带领人民挺过来了、走过来了，不仅奋力战胜了各种风险挑战，还取得了经济社会发展的重大成就。

❖❖ "巅峰使命"珠峰科考创造多项新纪录

五年来，综合国力显著提高。我国经济实力持续跃升，国内生产总值从 2017 年的 83.2 万亿元增长到 2022 年的 121.02 万亿元，经济总量稳居世界第二。即使是抗击新冠疫情的 3 年，我国经济仍保持了 4.5% 左右的年均增长率，远高于世界经济约 1.8% 的平均增速，在世界主要经济体中保持领先。科技自立自强取得重大进展，一些关键核心技术实现突破，基础研究和原始创新不断加强。在反映科技研究活跃度的自然指数年度榜单中，2022 年中国首次超越美国成为全球第一，位居世界前十的科研机构中有 6 个来自中国。

在线❓问答

什么是自然指数？

自然指数于 2014 年 11 月首次发布，是依托全球 100 多种顶级期刊，统计各高校、科研院所（国家）在国际上最具影响力的研究型学术期刊上发表论文数量的数据库。目前，自然指数已发展成为国际公认的，能够衡量机构、国家和地区在自然科学领域的高质量研究产出与合作情况的重要指标，在全球范围内有很大影响力。

什么是"双减"?

2021年7月，中共中央办公厅、国务院办公厅印发关于进一步减轻义务教育阶段学生负担的意见，提出要有效减轻义务教育阶段学生过重作业负担、减轻校外培训负担，简称"双减"。

五年来，人民生活稳步提升。2017—2022年，居民人均可支配收入从2.6万元增加到3.69万元。我们不仅从数字上看到了人民生活的变化幅度，更从一些惠及千家万户的具体举措中感受到了民生温度。比如教育领域，下大气力推行"双减"政策，坚决整治教培乱象，减轻学生作业负担，促进了学生全面发展、健康成长。比如医疗领域，加大医保谈判力度，每一次"灵魂砍价"都"锱铢必较"，最大限度减轻人民群众的医疗负担，为无数患者带来了福音，让他们看到了治愈的曙光和希望。

五年来，改革攻坚取得突破。从深化党和国家机构改革到推进行政审批制度改革，从高标准高质量建设雄安新区到探索建设海南自由贸易港，从农村土地改革到产权制度改革，从进一步完善生态环境监管体制到全面推行"河长制""湖长制"……上到牵一发而动全身的顶层设计，下到老百姓"吐槽"的痛点难点，一项项关系国计民生的重大举措陆续出台、渐次实施，很多领域的"坚冰"被打破，很多方面的"硬骨"被啃下，改革的红利日益显现出来，经济社会发展的动力活力更加强劲。

五年来，大国外交全面推进。当今世界风云激荡，中国外交纵横捭阖。我们高扬人类命运共同体旗帜，推动构建新型国际关系，弘扬全人类共同价值，为人类的美好未来指明前进方向；我们不断完善外交总体布局，积极发展全球伙伴关系，编织越来越大的朋友圈；我们积极参与全球治理体系改革和建设，全面开展抗疫国际合作，展现了负责任大国形象，赢得了国际社会的广泛赞誉和高度评价。

党的十九大以来的五年，是新时代十年的重要组成部分。这五年，我们攻克了许多长期没有解决的难题，办成了许多事关长远的大事要事，推动党和国家事业上了一个大台阶，为实现新时代伟大变革起到了关键作用，推动新时代中国特色社会主义不断向前发展。

◇ 三件大事彪炳史册

如果时间有重量，新时代十年注定是沉甸甸的；如果时间有颜色，新时代十年写下的篇章是浓墨重彩的。回望这段历史，有太多历史性事件值得大书特书，有太多历史性成就足以载入史册。这其中，有3件最醒目、最鲜亮的标志性事件意义重大、影响深远，勾勒出一个百年大党朝气蓬勃、新时代中国日新月异的壮丽图景。

◆◆ 国产大飞机 C919 首飞成功

◆◆ 世界首条环沙漠铁路环线和若铁路建成通车

迎来百年华诞。回望我们党走过的百年，几经挫折几经考验、几经风雨几经坎坷，多少次绝处逢生、多少次柳暗花明，历程波澜壮阔，成就震古烁今。党和人民的百年奋斗，书写了中华民族几千年历史上最恢宏的史诗。更为难得的是，我们党饱经沧桑依然风华正茂，以更加年轻的姿态走在时代的前列。遍观当今世界政坛的百年政党，有的暮气沉沉、垂垂老矣，有的弊病丛生、积重难返，有的籍籍无名、泯然众人……在这种对比中，我们更加深刻地感受到，中国共产党迎来建党 100 周年，是中华民族、中国人民的盛事。

开启时代新篇。中国特色社会主义进入新时代，不是时间流动的自然产物，而是党领导人民在力挽狂澜、披荆斩棘中奋力开创的结果。在这个时代，中国与世界的互动更加紧密、更有张力，中华民族伟大复兴进入了积厚成势的关键阶段，我国的社会主要矛盾发生了历史性变化。所有这些特殊性因素，构成了当今中国面临的时代特征。我们党把握历史主动，自信自强、守正创新，实现时代的"跳跃式"前进。

实现千年夙愿。翻开中国史册，虽然也有盛世，但更多的是民生多艰、人民困苦，消除贫困、实现小康是千百年来中国

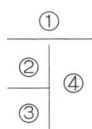

```
  ①
 ———
 ② │
   │ ④
 ③ │
```

① "力箭一号"运载火箭首飞成功

② 太阳探测卫星"夸父一号"在轨运行

③ "天宫"空间站遨游太空

④ "稳态强磁场实验装置"实现重大突破

◆◆ 高铁雄安站

人民的深深渴望。纵观世界历史，贫困是人类社会的顽疾，很多国家包括有的发达国家至今也没有完全根治。新时代以来，我们党领导人民以十年磨一剑的决心和韧劲，彻底打赢了人类历史上最大规模的脱贫攻坚战，全国 832 个贫困县全部摘帽，近 1 亿农村贫困人口实现脱贫，960 多万贫困人口实现易地搬迁，历史性地解决了绝对贫困问题，在中华大地上全面建成了小康社会。这一成就，是新时代中国共产党最大的"仁政"，是人类减贫事业耀眼的丰碑。

这三件大事，对于中国共产党、中华民族、中国人民都具有非凡的意义。对此，党的二十大用"三个历史性胜利"来高度概括。无论岁月如何流逝，这三件大事将永远铭刻在新时代伟大历史时间中，永远铭记在亿万人民心中。

◇ 伟大变革波澜壮阔

新时代十年的历程，之所以被称为"伟大变革"，就在于它给党和国家事业诸多领域带来了革命性的重塑，取得的成就是全方位、开创性的，发生的变革是深层次、根本性的。无论是国家实力方面还是世界影响力方面，无论是物质层面还是精神层面，无论是在党的自我革命上还是在社会革命上，都发生着前所未有的深刻变化。可以说，新时代中国变化的程度之

◆◆ 湖南十八洞村

深、范围之广，世所罕见、史所罕见。

这是中国梦想大步前行的十年。实现中华民族伟大复兴，是100多年来中国人民和中华民族最深沉的渴望、最伟大的梦想。在长期奋斗的基础上，经过新时代十年的努力，我国经济实力、科技实力、综合国力显著增强，经济总量占世界经济的比重从2012年的11.4%提高到2021年的18.5%，比欧盟27国的总和还高。我国不仅实现了经济持续快速增长，还把发展中出现的各方面矛盾保持在可控范围内，发展势头既强劲又稳健，书写了经济快速发展和社会长期稳定两大奇迹新篇章，我国发展具备了更为坚实的物质基础、更为完善的制度保证，实现中华民族伟大复兴进入了不可逆转的历史进程。

◆◆ 宁夏闽宁镇

◆◆ 新时代青年自信满怀、意气风发

　　这是中国精神空前振奋的十年。一个国家、一个民族处于上升期，不仅是物质力量的积累，也伴随着精神力量的增强。某种程度上说，新时代中国人民精神上的变化更为深沉、更为深远。在脱贫攻坚的战场上，在抗击新冠疫情的大考中，在应对外部遏制打压的斗争中，中国共产党和中国人民不怕困难、不惧挑战、勇往直前，展现出更加自信、自立、自强的精神风貌，做中国人的志气、骨气、底气大大增强，"四个自信"更为强烈、更为坚实。今天，亿万人民前进动力更加强大、奋斗精神更加昂扬、必胜信念更加坚定，焕发出更为强烈的历史自觉和主动精神，正在信心百倍书写着新时代中国发展的伟大历史。

　　这是中国力量极大增强的十年。在推动当今中国发展的力量中，中国共产党是核心领导力量，它的强弱关乎能否引领和凝聚最广大人民群众的主体力量。十年间，党在革命性锻造中浴火重生，党的面貌焕然一新，政治领导力、思想引领力、群众组织力、社会号召力显著增强。这不仅使党保持了旺盛的生命力，而且使党获得了最广泛的力量支持，巩固了党执政的阶级基础和群众基础。今天，中国共产党更加坚强有力，中国人民更加团结一致，这就是中国的优势所在、力量所在。

这是中国道路大放异彩的十年。新时代的伟大变革，不仅深刻改变了中国，也极大影响着世界。党的十八大以来，我们在长期努力的基础上，开创了中国特色社会主义新时代，成功推进和拓展了中国式现代化，科学社会主义在 21 世纪的中

相关链接

发现中国之旅

驻华外交官"发现中国之旅"活动，由文化和旅游部主办，自 2021 年首次举办以来，已有来自 68 个国家的 140 余位外交官参与。该活动主要是让各国驻华外交官走进中国大地，感悟中华文化，感知时代中国。左图为 2023 年驻华外交官"发现中国之旅"活动启动仪式，右图为该活动走进广西桂林。

国焕发出新的蓬勃生机，中国道路展现出巨大的影响力、吸引力、感召力。随着其优势和魅力的充分彰显，世界上越来越多的人认识到，中国道路为人类探索更好社会制度、实现现代化、解决共同问题提供了独特智慧和全新选择。

新时代十年的伟大变革，是中国走向富强、中华民族走向复兴进程中的一座丰碑。

——作为历史结果，它创造的辉煌将永载史册。

——作为历史过程，它缔造的伟业将成就未来。

深度阅读

1.《党的二十大报告辅导读本》，人民出版社2022年版。

2.《党的二十大报告学习辅导百问》，学习出版社、党建读物出版社2022年版。

3 思想之旗领航向

——如何理解习近平新时代中国特色
社会主义思想是全面推进强国建设、
民族复兴的科学指引？

在人类思想史上，每一种影响深远的思想体系，自创立
形成之后，都有一个丰富、发展、创新的过程。比如孔子创立
的儒家思想，经由孟子、董仲舒、朱熹、王阳明等大儒发扬光
大，影响了中国社会 2000 多年。马克思主义起源于 19 世纪的
欧洲，随着世界工人运动和社会主义运动的实践而不断丰富发
展。正因为如此，马克思主义才能超越时代、跨越国度，永葆
其美妙之青春。

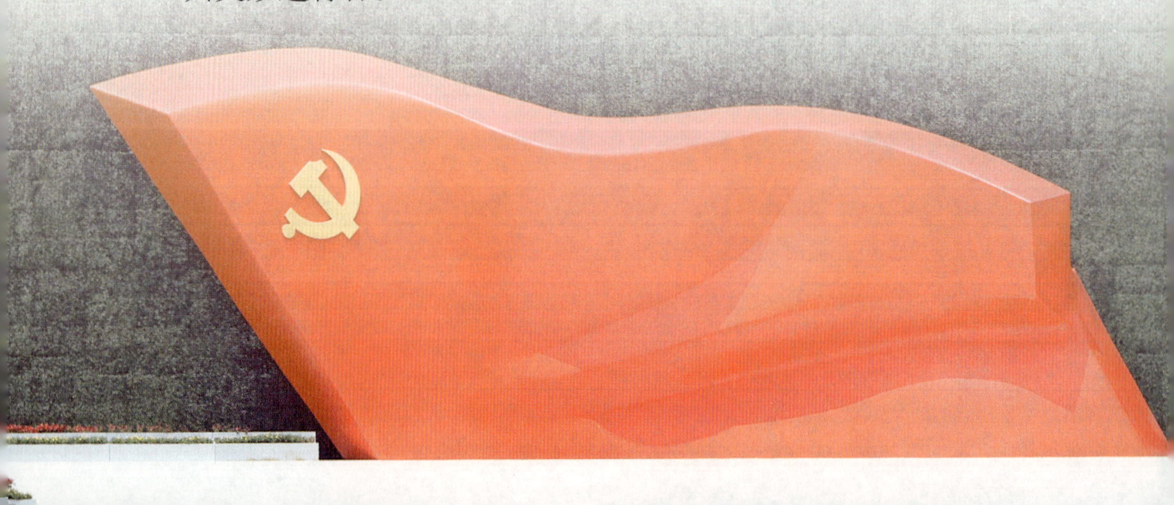

作为当代中国马克思主义、二十一世纪马克思主义，习近平新时代中国特色社会主义思想就是在把握时代变化、回答时代课题中应运而生、丰富发展的，是中华文化和中国精神的时代精华。这一思想扎根中国大地、赓续中华文明，以全新的理论视野、丰富的思想内涵、深邃的理论观点，深化了对共产党执政规律、社会主义建设规律、人类社会发展规律的认识，深化了对中华文明发展规律的认识，实现了马克思主义中国化时代化新的飞跃，是马克思主义发展史上的一座雄伟理论高峰，是指引我们全面走向现代化、发展人类文明新形态的一面光辉思想旗帜。

◇ "为什么行" 的科学回答

一切历史的精华最终是思想史。在人类浩瀚广博的思想谱系中，曾出现过许多影响深远的理论成果。19 世纪中后期，马克思恩格斯在汲取人类思想精华的基础上，进行了大量极富创造力的理论探索，创立和发展了马克思主义，揭示了自然界、人类社会、人类思维发展的普遍规律。它一经出现，从西方到东方，"在世界的一切文明语言中都找到了拥护者"，成为全世界无产阶级寻求自身解放的行动纲领。正如习近平总书记所指出的，"在人类思想史上，没有一种思想理论像马克思主义那样对人类产生了如此广泛而深刻的影响"。

任何一种科学理论，要保持长久的生命力，必须与具体实际相结合、随着时代发展而发展，否则就会失去生机和活力。马克思主义是普遍真理，但不是一成不变的教条，要随时随地以当时当地的历史条件和现实条件为转移。毛泽东同志曾说："马克思活着的时候，不能将后来出现的所有的问题都看

特别 关注

学习贯彻习近平新时代中国特色社会主义思想主题教育

根据党的二十大部署，党中央决定，从 2023 年 4 月开始，以县处级以上领导干部为重点在全党深入开展学习贯彻习近平新时代中国特色社会主义思想主题教育。这次主题教育认真贯彻"学思想、强党性、重实践、建新功"的总要求，坚持学思用贯通、知信行统一，把理论学习、调查研究、推动发展、检视整改等贯通起来，把习近平新时代中国特色社会主义思想转化为坚定理想、锤炼党性和指导实践、推动工作的强大力量，努力在以学铸魂、以学增智、以学正风、以学促干方面取得实实在在的成效。

◆◆ 干部群众深入学习《习近平著作选读》

到，也就不能在那时把所有的这些问题都加以解决。俄国的问题只能由列宁解决，中国的问题只能由中国人解决。"这说明，把马克思主义基本原理运用到不同国家、不同时代，必然有一个本土化时代化的过程。这是人类思想理论发展必须遵循的规律，也是马克思主义自身所具有的理论特质。

推进马克思主义中国化时代化是一个追求真理、揭示真理、笃行真理的过程，也是一个探索规律、把握规律、运用规律的过程。中国共产党从诞生之日起，就把马克思主义写在自己的旗帜上，并结合中国的具体实际和时代特征，不断推进马克思主义中国化时代化，先后形成了一系列重大理论创新成果，使马克思主义在中国焕发出强大生命力，使党掌握了强大的真理力量。党的十八大以来，以习近平同志为主要代表的中国共产党人，在推动新时代伟大变革中勇于进行理论探索和创新，创立了习近平新时代中国特色社会主义思想，开辟了马克思主义中国化时代化新境界。回望我们党的百年奋斗史，党之所以能够在革命、建设、改革各个历史时期取得重大成就，能够领导人民完成中国其他政治力量不可能完成的艰巨任务，最为关键的是中国化时代化的马克思主义具有强大的真理力量和实践伟力。

既坚持老祖宗又不断说新话。马克思主义中国化时代化这个重大命题本身就决定，我们决不能抛弃马克思主义这个魂脉，决不能抛弃中华优秀传统文化这个根脉。无论什么时候、什么情况下，我们都不能丢了老祖宗，数典忘祖就等于割断了魂脉和根脉，最终会犯失去魂脉和根脉的颠覆性错误。同时，我们守正不守旧、尊古不复古，而是与时俱进推进理论创新，讲出了许多前人没有讲过的新话，在马克思主义哲学、马克思主义政治经济学、科学社会主义各个领域提出了许多新的重大观点，对马克思主义作出了整体的而不是局部的、系统的而不是零散的丰富发展，使马克思主义以崭新形象展现于世。

既高扬马克思主义又弘扬中华优秀传统文化。从人类思想文化传播历程来看，任何一种思想理论要超越空间地域界限来进行传播，就必须与当地的历史文化传统融为一体，只有这样才能真正被接受、被践行，否则就有可能出现像有的学者所说的表面上结合、实质上分离的"假晶"现象。马克思主义深刻改变了中国、扭转了中华民族的命运，是我们立党立国、兴党兴国的根本指导思想，是中国共产党人始终高扬的思想之旗、精神之旗。拥有马克思主义科学理论指导，是我们党坚定信仰信念、把握历史主动的根本所在。同时，我们以马克思主义为指导对中华5000多年文明宝库进行全面挖掘，用马克思主义激活中华优秀传统文化中富有生命力的优秀因子并赋予新的时代内涵，将中华民族的伟大精神和丰富智慧更深层次地注入马克思主义，把马克思主义思想精髓同中华优秀传统文化精华贯通起来，使马克思主义深深扎根于中国大地，在亿万中国人民的心田中生根发芽、开枝散叶。

既引领中国发展又推动人类进步。马克思主义是谋求全人类解放的理论，中国共产党是致力于人类和平与发展崇高事业的政党，所以马克思主义在中国的发展不仅对中华民族和中国人民有重大意义，而且也具有世界性影响。在革命、建设、改革的历史进程中，中国化时代化的马克思主义指引中国共产党和中国人民，以百年奋斗的"自转"推动世界历史的"公转"，不断为中国人民谋幸福、为中华民族谋复兴，不断为人类谋进步、为世界谋大同，使民族命运的勃兴进程与世界发展的大势始终紧紧连在一起。

实践最有说服力。在中国化时代化的马克思主义指导下，中国创造了举世瞩目的发展奇迹，特别是党的十八大以来在习近平新时代中国特色社会主义思想引领下，党和国家事业取得

❖❖ 干部群众从新时代伟大变革中感悟思想伟力

历史性成就、发生历史性变革。现在，很多人探究中国发展的奥秘，试图从理论上找到中国成功的密码。实践告诉我们，中国共产党为什么能，中国特色社会主义为什么好，归根到底是马克思主义行，是中国化时代化的马克思主义行。这是历史的结论。

◇ "两个结合"的光辉典范

在 5000 多年中华文明深厚基础上开辟和发展中国特色社会主义，"两个结合"是必由之路。毛泽东同志提出了"第一个结合"，就是把马克思主义基本原理同中国具体实际相结合；习近平总书记提出了"第二个结合"，就是把马克思主义基本原理同中华优秀传统文化相结合。"两个结合"是我们党对马克思主义中国化时代化历史经验的深刻总结，是党和人民理论自信和文化自觉不断提升的必然产物，为坚持和发展马克思主义作出了重大理论贡献。

"第一个结合"是我们党一直强调并坚持的，是党的事业不断发展壮大的成功密钥。从战争年代"山沟沟里的马克思主义"、探索出"农村包围城市、武装夺取政权"的革命道路到建设时期"以苏为鉴，走自己的路"，从改革开放后开创和发展中国特色社会主义到新时代开辟马克思主义中国化时代化新境界，就是我们党把马克思主义基本原理同中国不断变化的具体实际相结合的结果，是我们党坚持"解放思想、实事求是、与时俱进、求真务实，一切从实际出发"的结果。

"第二个结合"是新时代中国共产党人提出的一个新的重大命题，开创了我们党理论创新的新格局。实际上，我们党的理论和路线方针政策一直体现着中华优秀传统文化，但这个方面的结合没有明确、系统地表达出来。习近平总书记第一次提出并强调这个"结合"，代表着中国共产党人新的认识、新的觉悟，表明我们党对中国道路、理论、制度的认识达到了新高度，表明我们党的历史自信、文化自信达到了新高度，表明我们党在传承中华优秀传统文化中推进文化创新的自觉性达到了新高度。更重要的是，"第二个结合"是又一次的思想解放，让我们能够在更广阔的文化空间中，充分运用中华优秀传统文化的宝贵资源，探索面向未来的理论和制度创新。

"两个结合"是我们在探索中国特色社会主义道路中得出的规律性认识，是我们取得成功的最大法宝。第一，"结合"的前

相关链接

《马克思进文庙》

早在马克思主义传入中国之初，就有人质疑马克思主义与中国的文化传统能否相融共通。1925年，郭沫若写了小品文《马克思进文庙》，文中虚构了马克思进入文庙与孔子对话的情景。一番长谈后，孔子对马克思惊叹："你这个理想社会和我的大同世界竟是不谋而合。"马克思也对孔子感叹："我不想在两千年前，在远远的东方，已经有了你这样的一个老同志！你我的见解完全是一致的，怎么有人会说我的思想和你的不合，和你们中国的国情不合，不能施行于中国呢？"这虽是一篇"穿越文"，但它用文学的形式说明了马克思主义与中华优秀传统文化的契合性。

提是彼此契合。马克思主义和中华优秀传统文化来源不同，但彼此存在高度的契合性。相互契合才能有机结合。第二，"结合"的结果是互相成就，造就了一个有机统一的新的文化生命体，让马克思主义成为中国的，中华优秀传统文化成为现代的，让经由"结合"而形成的新文化成为中国式现代化的文化形态。第三，"结合"筑牢了道路根基，让中国特色社会主义道路有了更加宏阔深远的历史纵深，拓展了中国特色社会主义道路的文化根基。中国式现代化赋予中华文明以现代力量，中华文明赋予中国式现代化以深厚底蕴。第四，"结合"打开了创新空间，让我们掌握了思想和文化主动，并有力地作用于道路、理论和制度。第五，"结合"巩固了文化主体性，创立习近平新时代中国特色社会主义思想就是这一文化主体性的最有力体现。

习近平新时代中国特色社会主义思想是"两个结合"的最新理论结晶，是坚持"两个结合"、推进理论创新的光辉典范。党的十九大、十九届六中全会提出的"十个明确""十四个坚持""十三个方面成就"概括了习近平新时代中国特色社会主义思想的主要内容，必须长期坚持并不断丰富发展。这一思想立足当今世界和当代中国发展大势，紧扣时代脉搏、顺应人民期待，坚持用马克思主义之"矢"去射新时代中国之"的"，科学回答中国之问、世界之问、人民之问、时代之问，指引党和国家事业在新的时代条件下实现新的历史性发展；这一思想以深邃洞见汲取我国悠久历史的智慧养分，以高度自信撷取中

知识要点

十个明确

——明确中国特色社会主义最本质的特征是中国共产党领导，中国特色社会主义制度的最大优势是中国共产党领导，中国共产党是最高政治领导力量，全党必须增强"四个意识"、坚定"四个自信"、做到"两个维护"；

——明确坚持和发展中国特色社会主义，总任务是实现社会主义现代化和中华民族伟大复兴，在全面建成小康社会的基础上，分两步走在本世纪中叶建成富强民主文明和谐美丽的社会主义现代化强国，以中国式现代化推进中华民族伟大复兴；

——明确新时代我国社会主要矛盾是人民日益增长的美好生活需要和不平衡不充分的发展之间的矛盾，必须坚持以人民为中心的发展思想，发展全过程人民民主，推动人的全面发展、全体人民共同富裕取得更为明显的实质性进展；

——明确中国特色社会主义事业总体布局是经济建设、政治建设、文化建设、社会建设、生态文明建设五位一体，战略布局是全面建设社会主义现代化国家、全面深化改革、全面依法治国、全面从严治党四个全面；

——明确全面深化改革总目标是完善和发展中国特色社会主义制度、推进国家治理体系和治理能力现代化；

——明确全面推进依法治国总目标是建设中国特色社会主义法治体系、建设社会主义法治国家；

——明确必须坚持和完善社会主义基本经济制度，使市场在资源配置中起决定性作用，更好发挥政府作用，把握新发展阶段，贯彻创新、协调、绿色、开放、共享的新发展理念，加快构建以国内大循环为主体、国内国际双循环相互促进的新发展格局，推动高质量发展，统筹发展和安全；

——明确党在新时代的强军目标是建设一支听党指挥、能打胜仗、作风优良的人民军队，把人民军队建设成为世界一流军队；

——明确中国特色大国外交要服务民族复兴、促进人类进步，推动建设新型国际关系，推动构建人类命运共同体；

——明确全面从严治党的战略方针，提出新时代党的建设总要求，全面推进党的政治建设、思想建设、组织建设、作风建设、纪律建设，把制度建设贯穿其中，深入推进反腐败斗争，落实管党治党政治责任，以伟大自我革命引领伟大社会革命。

十四个坚持

（1）坚持党对一切工作的领导；

（2）坚持以人民为中心；

（3）坚持全面深化改革；

（4）坚持新发展理念；

（5）坚持人民当家作主；

（6）坚持全面依法治国；

（7）坚持社会主义核心价值体系；

（8）坚持在发展中保障和改善民生；

（9）坚持人与自然和谐共生；

（10）坚持总体国家安全观；

（11）坚持党对人民军队的绝对领导；

（12）坚持"一国两制"和推进祖国统一；

（13）坚持推动构建人类命运共同体；

（14）坚持全面从严治党。

十三个方面成就

党的十九届六中全会通过的《中共中央关于党的百年奋斗重大成就和历史经验的决议》，从坚持党的全面领导、全面从严治党、经济建设、全面深化改革开放、政治建设、全面依法治国、文化建设、社会建设、生态文明建设、国防和军队建设、维护国家安全、坚持"一国两制"和推进祖国统一、外交工作方面，深刻总结了党的十八大以来党和国家事业取得的历史性成就、发生的历史性变革。

华优秀传统文化精华，厚植理论的历史根基和文化根脉，使马克思主义充盈着浓郁的中国味、深厚的中国情、浩然的民族魂，具有强大的历史穿透力、文化感染力和精神感召力。

从"两个结合"的历史发展和现实体现来看，两者并不是截然分开的，而是既各有侧重又紧密联系的统一整体。它们相互作用、相辅相成，构成了我们党进行理论创新的实践经度和历史纬度，共同推动马克思主义中国化时代化不断谱写新篇章。

◇ "六个必须坚持"的哲学意蕴

哲学是关于世界观和方法论的学问，是所有理论抽象之后的终极形态。毛泽东同志曾经说过，"马克思主义有几门学问"，"但基础的东西是马克思主义哲学"。党的二十大强调，继续推进实践基础上的理论创新，首先要把握好习近平新时代中国特色社会主义思想的世界观和方法论，坚持好、运用好贯穿其中的立场观点方法。"六个必须坚持"是习近平新时代中国特色社会主义思想立场观点方法的重要体现，是这一思想的精髓所在、要义所在。把握住了包括"六个必须坚持"在内的习近平新时代中国特色社会主义思想的立场观点方法，我们就掌握了理解这一思想的"核心密码"，就能更加深刻、更加准确地领会新时代党的创新理论的鲜明特质和丰富内涵。

必须坚持人民至上。马克思主义是为人民立言、为人民

◆◆ 电视理论节目《中国智慧中国行》《思想耀江山》

代言的理论，是为改变人民命运而创立、在人民求解放的实践中丰富和发展的，人民的创造性实践是马克思主义理论创新的不竭源泉。因此，人民是理论关切的对象，也是理论创造的主体，满足人民所需、顺应人民所盼是理论创新的根本目的。党的十八大以来，习近平总书记鲜明提出以人民为中心的发展思想，作出"江山就是人民、人民就是江山"、"人民对美好生活的向往就是我们的奋斗目标"、扎实推进全体人民共同富裕等重大论断，以全新的内涵丰富和发展了历史唯物主义群众史观，使人民至上成为习近平新时代中国特色社会主义思想的价值支点和实践落点。无论是提出打赢脱贫攻坚战，强调解决人民急难愁盼问题，还是推进健康中国、平安中国、美丽中国建设，都充分展现了这一思想的价值追求和鲜明底色。新时代十年理论创新和实践创造的历程充分说明，党的理论是植根人民、来自人民的理论，也是为了人民、造福人民的理论。

必须坚持自信自立。坚持独立自主，走自己的路，是党的全部理论和实践的立足点。中华民族素来有自强不息、发愤图强的精神气度，中华文明的连续性从根本上决定了中华民族必然走自己的路。党的百年奋斗成功道路是党领导人民独立自主探索开辟出来的，马克思主义的中国篇章是中国共产党人依靠自身力量实践出来的，贯穿其中的一个基本点就是中国的问题必须从中国基本国情出发，由中国人自己来解答。习近平新时代中国特色社会主义思想始终体现着独立自主的探索和实践精神，贯穿着坚定不移走自己的路的信心和决心。从强调坚定"四个自信"到概括阐述中国式现代化理论，从提出坚持"两个结合"到找到党的自我革命这一跳出治乱兴衰历史周期率的第二个答案，都体现着新时代中国共产党人高度的理论自信和文化自觉，体现着尊重客观规律、勇于开拓进取的历史主动精神。

必须坚持守正创新。知常明变者赢，守正创新者进。守正就是恪守正道、把握根本，创新就是勇于探索、开辟新境，守正才能不迷失方向、不犯颠覆性错误，创新才能把握时代、引领时代。守正和创新是统一的，体现了"变"与"不变"、继承与发展、原则性与创造性的辩证关系。党的十八大以来，以习近平同志为核心的党中央在立场、方向、原则、道路等根本性问题上旗帜鲜明、毫不含糊，着力正本清源、固本培元，高扬了马克思主义的旗帜、中国特色社会主义的旗帜，确保了党不变质、不变色、不变味。同时，面对快速变化的世界和中国，我们党坚持立破并举，以巨大勇气和魄力推进各方面改革创新，推动实现具有里程碑意义的伟大变革，中国共产党的面貌、中国人民的面貌、社会主义中国的面貌、中华民族的面貌焕然一新。可以说，守正创新是中国特色社会主义新时代的鲜明气象，也是习近平新时代中国特色社会主义思想的显著标识。

必须坚持问题导向。马克思曾深刻指出："主要的困难不是答案，而是问题。"问题是时代的声音，回答并指导解决问题是理论的根本任务。抓住了问题，就找到了实践前进的突破点，也就找到了理论创新的生长点。习近平新时代中国特色社会主义思想始终瞄着问题去、追着问题走，在认识和解决问题中形成一系列新理念新思路新办法，有力回应了时代的呼声，实现了理论和实践的良性互动。这些年来，我们党以啃硬骨头、涉险滩的气魄全面深化改革，持之以恒纠治"四风"、以零容忍态度惩治腐败，打赢蓝天、碧水、净土保卫战，着力防范和化解重大风险等，都是聚焦重大理论和实践问题，把问题作为研究制定政策的出发点，把化解矛盾、破解难题作为打开局面的突破口。习近平新时代中国特色社会主义思想的全部内容，都是在直面问题矛盾、回答时代课题中孕育创立、丰富发展的。

必须坚持系统观念。唯物辩证法告诉我们，万事万物是相互联系、相互依存的，整个世界是相互联系的整体，也是相互作用的系统。中国人自古以来就有"以天地万物为一体"的思想传统，注重从整体性角度把握整个宇宙以及人与宇宙的关系，主张"天人合一"的理念。我国是一个超大规模的社会主义国家，经济社会发展整体性、关联性、复杂性的特点尤为明显，可谓"牵一发而动全身"，更需要增强系统观念。面对错综复杂的国际国内形势、艰巨繁重的改革发展稳定任务，习近平总书记始终坚持系统思维、全局谋划，提出统筹推进"五位一体"总体布局、协调推进"四个全面"战略布局，强调在推动经济社会发展中必须综合考虑政治和经济、发展和民生、物质和精神、国内和国际等多方面因素，把握好全局和局部、当前和长远、宏观和微观、主要矛盾和次要矛盾、特殊和一般等关系，体现了洞悉时势、总揽全局的系统谋划和战略擘画，为我们应对复杂局面、推动事业发展提供了科学的思想方法和工作方法。

必须坚持胸怀天下。当今时代，中国和世界紧紧联系在一起，解决中国的问题必须着眼全球来谋划和考量；解决世界的问题，也离不开中国的视角和方案。中国共产党坚持从人类发展大潮流、世界变化大格局、中国发展大历史中正确认识和处

经验分享

江苏淮安推出《新思想 这样讲》系列微视频

为深入学习宣传贯彻习近平新时代中国特色社会主义思想，江苏省淮安市持续推进通俗理论作品的创作和传播，策划制作了《新思想 这样讲》系列微视频，用群众语言、群众视角和群众喜闻乐见的方式，不断推动新时代党的创新理论"飞入寻常百姓家"。图为《新思想 这样讲》系列微视频画面。

理同外部世界的关系，始终践行"和衷共济、四海一家"的行动价值，以海纳百川的开放胸襟学习和借鉴人类社会一切优秀文明成果，在"人类知识的总和"中汲取优秀思想文化资源来创新和发展党的理论。新时代以来，习近平总书记从人类前途命运出发，鲜明提出并深刻阐述了构建人类命运共同体的重大理念，提出全球发展倡议、全球安全倡议、全球文明倡议，提出弘扬全人类共同价值、建设新型国际关系、推动共建"一带一路"高质量发展，充分体现了中国共产党对人类发展重大问题的独特创见，彰显了中国的大国风范、大国担当。

"每个原理都有其出现的世纪。"这是一个需要理论而且一定能够产生理论的时代，这是一个需要思想而且一定能够产生思想的时代。习近平新时代中国特色社会主义思想以其时代性的理论贡献、严密性的科学体系、标识性的理论观点，把马克思主义中国化时代化大大向前推进了一步，标注了中国共产党理论创新的崭新高度，指明了强国建设、民族复兴的前进方向。

深度阅读

1.《习近平著作选读》（第一卷、第二卷），人民出版社2023年版。

2.《习近平新时代中国特色社会主义思想专题摘编》，中央文献出版社、党建读物出版社2023年版。

3.《习近平新时代中国特色社会主义思想学习纲要》，学习出版社、人民出版社2023年版。

4 人间正道是沧桑

——如何理解以中国式现代化全面推进
中华民族伟大复兴？

现代化，是一个世界性的客观现象，指的是人类社会从传统文明向现代文明转变的历史过程。从历史上看，现代化进程发端于 18 世纪的英国等西欧国家，随后扩展到北美地区，20 世纪特别是第二次世界大战后成为世界各国普遍追求的潮流。中国对现代化的探索，早期经历了种种曲折，直到马克思主义传入中国，中国共产党成立，才真正把中国引入了现代化正道。一个多世纪以来，我们党领导人民接续推进

伟大的社会革命，朝着全面建成社会主义现代化强国的目标不断迈进，中华民族迎来了从站起来、富起来到强起来的历史性飞跃。

大道之行，天下为公。中华民族所追求的复兴，是在世界现代化大背景下展开的，不仅要实现本国的繁荣富强，而且要在这一历史进程中推动人类文明的发展进步。中国共产党和中国人民就是以这样的宏大格局来把握世界大势和中国走向的。以中国式现代化全面推进中华民族伟大复兴，具有最大先进性、现实性、包容性，是新时代中国共产党人为拓展强国建设、民族复兴道路作出的历史性贡献，也是中国为丰富和发展人类文明形态作出的世界性贡献。面向新时代新征程，党的二十大把以中国式现代化全面推进中华民族伟大复兴明确为中国共产党的中心任务，就是号召全党全国各族人民把全部精力、全部热情投入到这项壮丽而崇高的事业中来。

◇ 中国式现代化是怎么来的

"人猿相揖别。只几个石头磨过，小儿时节。铜铁炉中翻火焰，为问何时猜得？不过几千寒热。"人类从蒙昧进入文明，经历了几百万个春夏秋冬。公元前800年至公元前200年，人类文明发展达到了一个高峰，有学者把它称为"轴心时代"。

❖❖ 位于希腊雅典卫城山下的《神遇——孔子与苏格拉底的对话》雕像

此后的 10 多个世纪，人类文明的发展像车轮绕着轴心转动一样，周而复始地运行着，总体上没有跳出原有框架。

从 14 世纪开始，随着欧洲资本主义的发展，西方人文主义思潮开始兴起，西方逐步摆脱宗教神学对思想的禁锢和束缚，认识到人是现实生活的创造者和主人，肯定人的价值和尊严。自此，人们活动的空间和范围不断拓展，逐步开启了大航海时代，割裂的世界开始连接在一起，文明的发展打开了新的突破口。从当时的情况看，这种历史演进的端倪从东西方文明中都可以窥见。欧洲的文艺复兴发出了思想解放的先声，我国明代也出现了资本主义的萌芽，这种悄然的变化几乎是同步发生的。然而，当西方兴起工业革命并大踏步进入现代化之时，我国却在封建专制的束缚下裹足不前，不但与现代化进程擦肩而过，而且被历史的潮流远远地甩到了后头。

1840 年的鸦片战争，是"压死骆驼的最后一根稻草"。自此，在西方现代化发展代差的碾压下，还处在传统社会的中国毫无还手之力，饱受"落后就要挨打"的苦楚。为了追赶世界现代化的进程，中国人也作过很多努力，但在当时主客观条件下，中国现代化没有也不可能取得成功。探索中国现代化道路的重任，历史地落到了中国共产党身上。我们党以马克思主义为指引，以彻底的革命精神和强烈的历史主动改

相关链接

葡萄牙罗卡角——大航海的起点

罗卡角位于亚欧大陆的最西端，是葡萄牙境内一个毗邻大西洋的海岬，这里曾经被西方人认为是"世界的尽头"，几百年前航海家们在这里启航，踏上了发现新大陆的征途，大航海时代自此开启。十字碑上刻着葡萄牙诗人卡蒙斯的诗句："陆止于此，海始于斯。"

造主观世界和客观世界，使中国社会越来越具备现代性的因素，不断把中国的现代化事业推向前进。

在旧中国这样一个半殖民地半封建的国家，走现代化道路，必须首先打破落后的社会制度，并铲除吸附在腐朽制度上的各种反动力量，为实现真正体现人民利益的现代化扫清障碍。经过 28 年的浴血奋战，党领导人民推翻三座大山，赢得新民主主义革命的胜利，建立新中国，为中国实现现代化创造了根本社会条件。在中国建设什么样的现代化、怎样建设现代化成为摆在我们面前的一个全新课题。为此，党领导人民进行了持续的探索和规划。从 1954 年"四个现代化"的任务到 1964 年"两步走"的设想，从 1987 年"三步走"的战略部署到 1997 年新"三步走"的战略部署……伴随着社会主义建设和改革开放的脚步，现代化改变了国家落后的面貌，推动中国大踏步赶上了时代。

中国现代化的漫漫征途，是长达一个多世纪的接力赛，不仅需要一棒接着一棒跑的坚毅执着，也需要一浪更比一浪高的开拓进取，只有这样才能保持正确的方向和充沛的能量。党的十八大以来，以习近平同志为核心的党中央以强烈的历史自觉和宽广的世界眼光谋划和推进现代化，提出新"两步走"战略安排，领导党和人民全面建成小康社会、迈上全面建设社会主义现代化国家新征程。在这个过程中，我们党对建设社会主义现代化国家在认识上不断深化、在战略上不断成熟、在实践上

党的十三大提出的"三步走"战略部署

1987年，党的十三大从国际国内发展现状出发，提出中国实现现代化目标的"三步走"战略部署：第一步，1981年到1990年实现国民生产总值比1980年翻一番，解决人民的温饱问题；第二步，1991年到20世纪末国民生产总值再增长一倍，人民生活达到小康水平；第三步，到21世纪中叶人均国民生产总值达到中等发达国家水平，人民生活比较富裕，基本实现现代化。

党的十五大提出的新"三步走"战略部署

1997年，党的十五大提出新"三步走"战略部署：展望21世纪，我们的目标是，第一个10年实现国民生产总值比2000年翻一番，使人民的小康生活更加宽裕，形成比较完善的社会主义市场经济体制；再经过10年的努力，到建党100年时，使国民经济更加发展，各项制度更加完善；到21世纪中叶中华人民共和国成立100年时，基本实现现代化，建成富强民主文明的社会主义国家。

党的十九大提出的新"两步走"战略安排

2017年，党的十九大明确了全面建设社会主义现代化国家的新"两步走"战略安排：第一步，从2020年到2035年，在全面建成小康社会的基础上，再奋斗15年，基本实现社会主义现代化；第二步，从2035年到21世纪中叶，在基本实现现代化的基础上，再奋斗15年，把我国建成富强民主文明和谐美丽的社会主义现代化强国。

不断丰富，使中国式现代化得到大大推进和拓展。

回顾中国走向现代化的历史进程，我们党把马克思主义基本原理同中国具体实际、同中华优秀传统文化相结合，创造性地走出了一条独特的中国式现代化之路，用几十年时间走完了西方发达国家几百年走过的工业化历程。百年历史启示我们，马克思主义不仅激活了中华文明中的优秀因子，把中国引向了现代化进程，而且它作为对西方现代化批判的思想成果，引领中国突破传统现代化的窠臼，走上了一条更为理性、更为人文、更为光明的现代化道路。

◇ 什么是中国式现代化

现代化从西方国家发轫以来，经过几个世纪的发展，给人类社会带来了突飞猛进的进步，特别是物质领域创造的财富比过去所有时间的总和还要多，整个世界的面貌都发生了前所未有的巨大改变。人类走向现代化的历史告诉我们，现代化是世界各国发展的必由之路，但各国的现代化道路又各不相同，世界上不存在定于一尊的现代化模式，也不存在放之四海而皆准的现代化标准。中国式现代化坚持以宽广的视野考察世界现代化历史进程，深深植根于中国国情和历史文化传统，既有各国现代化的共同特征，更有基于自己国情的鲜明特色。

中国式现代化是人口规模巨大的现代化。人口规模不同，现代化的任务就不同，其艰巨性和复杂性就不同，发展途径和推进方式也必然有自己的特点。现在，全球进入现代化的国家也就 20 多个，总人口 10 亿左右。中国 14 亿多人口整体迈入现代化，规模超过现有发达国家人口的总和。大有大的优势，

北京
上海 广州
深圳

大也有大的难处。超大规模的人口，既能提供充足的人力资源和超大规模市场，也带来一系列难题和挑战。光是解决 14 亿多人的吃饭问题，就是一个不小的挑战，还有就业、分配、教育、医疗、住房、养老、托幼等问题，哪一项解决起来都不容易，哪一项涉及的人群都是天文数字。中国进入现代化，艰巨性和复杂性前所未有，意义和影响也前所未有，将极大改变现

在线❓问答

什么是"中等收入陷阱"?

"中等收入陷阱"这个概念由世界银行提出,指的是部分新兴经济体在快速发展过程中积累了大量矛盾和问题,当人均国内生产总值达到一定数量后,这些矛盾和问题就会集中爆发出来,如果应对不当,就会导致经济增长停滞甚至回落,引发一系列社会问题,无法跨入高收入国家行列。

代化的世界版图。

中国式现代化是全体人民共同富裕的现代化。西方现代化的最大弊端,就是以资本为中心而不是以人民为中心,追求资本利益最大化而不是服务绝大多数人的利益,导致贫富差距过大、两极分化严重。一些发展中国家没有解决好两极分化、阶层固化等问题,结果掉进了"中等收入陷阱"。中国式现代化则与之不同,坚持发展为了人民、发展依靠人民、发展成果由人民共享,是以实现全体人民共同富裕为目的的现代化。这与社会主义本质要求相一致,也与中国共产党的性质宗旨相吻合,是"人心所归,惟道与义"的现代化。

中国式现代化是物质文明和精神文明相协调的现代化。西方现代化带来了物质主义的膨胀,而且在一整套经济社会制度的塑造下,使人陷入物欲横流的循环而无法摆脱,本来很丰富的人性被掏空、被简化。美国学者马尔库塞在《单向度的人》一书中就深刻批判过这种现象,人性应该是多面的,但在资本主义条件下遭到削弱摧残而变成单一的了。这是人类社会发展的悲剧，也是人道主义的悲剧。中国式现代化着眼促进人的自由而全面的发展，既强调物质财富极大丰富，也强调精神财富极大丰富，是追求国家物质力量和精神力量相促进、人民物质生活和精神生活都富裕的现代化。

中国式现代化是人与自然和谐共生的现代化。西方现代化发展到今天，经历了环境的破坏到修复的过程，但由于物质主义的驱使，整体上没有改变对自然资源过度消耗的模式。特别是某些西方国家，把增加的消耗和攫取通过经济的方式延伸到全世界各个角落，让整个地球都在为满足他们的贪欲"输血"。美国以占世界不到5%的人口，消耗世界能源产量的34%，并制造出大致相当的污染物，但美国早在2001年就退出《京都议定书》，拒不履行减少全球温室气体排放量的责任。这种现代化的方式是文明的病态，也是地球的灾难。基于中华文明的中国式现代化天然对自然有敬畏之心，强调人与自然的和谐共

生，走生产发展、生活富裕、生态良好的文明发展道路。这不仅是为中华民族永续发展谋，也是为保护地球家园长远计。

中国式现代化是走和平发展道路的现代化。这涉及现代化和暴力之间的关系问题，如果没有精神因素的制约，暴力不仅充当现代化的"马前卒"，甚至不加节制的暴力将成为现代化的"掘墓者"。爱因斯坦曾预言，第四次世界大战人们使用的武器只能是石器和棍棒。这里面的意蕴是很深刻的。西方国家的现代化，充满战争、贩奴、殖民、掠夺等血腥罪恶，具有扩张性、侵略性甚至野蛮性。直至今天，霸权主义的阴霾不仅没有散去，而且以更隐蔽、更残酷的方式最大限度榨取其他国家的财富和利益。中华民族自古就有着"天下一家"的宽广胸怀，和平、和睦、和谐是中华文明5000多年来一直传承的理念，主张以道德秩序构造一个群己合一的世界，在人己关系中以他人为重。所以说，中国式现代化以和平的方式实现，是由我们的文化基因决定的。这一点，是那些以己度人的霸凌主义者无法理解的，他们总是把中国摆在与其争霸的位置上，这完全是以恶人之心度君子之腹。

正是基于对现代化的普遍性和特殊性的把握，党的二十大提出了中国式现代化的本质要求。它以"坚持中国共产党领导"起首，以"坚持中国特色社会主义"定向，贯通"实现高质量发展，发展全过程人民民主，丰富人民精神世界，实现全体人民共同富裕，促进人与自然和谐共生，推动构建人类命运

◆◆ 海南自由贸易港掠影

共同体"等现代化建设的重要方面，落脚在"创造人类文明新形态"。中国式现代化蕴含着独特的世界观、价值观、历史观、文明观、民主观、生态观，是对西方现代化的重大超越，有着改造现代社会弊病的更高追求。从这个意义上说，它是中国历史发展的现代形态，也是人类文明发展的新形态。

◇ 怎么走稳走好中国式现代化道路

有学者认为，每一种文明都有生命周期，必然经历诞生、发展、鼎盛、衰落、灭亡的过程。的确，从以往很多文明的发展来看，这似乎成为一个无法摆脱的"文明魔咒"。像古埃及、古印度、古巴比伦等古典文明，由于内外部因素，最终难逃覆灭的命运。现代西方文明建立在物质主义基础上，囿于其固有弊端和局限，发展到高峰之后危机日益显露。中国式现代化植根于绵延5000多年的中华文明沃土，既赓续文明又更新文明，赋予中华文明以现代力量，具有深厚的生命力和强大的包容性，必将推动中华文明重焕荣光，必将蹚出一条人类走向美好未来的文明新路。

康庄大道并不等于一马平川。习近平总书记指出，推进中国式现代化，是一项前无古人的开创性事业，必然会遇到各种可以预料和难以预料的风险挑战、艰难险阻甚至惊涛骇浪。向外看，两种意识形态、两种社会制度的竞争和较量更趋激烈，守成势力不甘心优势地位旁落，必然会对我们进行各种打压、遏制甚至破坏；向内看，推进中国式现代化涉及思想观念、生产方式、利益格局的深刻变革，还有一系列难点、卡点、堵点需要突破，改革发展的任务异常繁重。我们必须深刻认识推进中国式现代化的艰巨性和长期性，以强烈的历史主动精神推动"中华号"巨轮劈波斩浪，穿越"问题岛链"和"矛盾漩涡"，全速平稳驶向更加辽阔的海域。

党的二十大科学判断时与势、辩证把握危与机，鲜明提出了前进道路上必须牢牢把握的五条重大原则，即坚持和加强党的全面领导、坚持中国特色社会主义道路、坚持以人民为中心的发展思想、坚持深化改革开放、坚持发扬斗争精神。这五条重大原则好比"定海神针"，决定着中国式现代化的方向道路、价值立场和动力活力。只要守住了、把稳了，中国式现代化就能不偏向、不迷航，始终朝着既定的目标破浪前进。

中国式现代化作为人类历史上最为宏大而独特的实践创

◆◆ 河北骆驼湾村

◆◆ 江西神山村

◆◆ 重庆华溪村

◆◆ 贵州花茂村

新，是一个高度复杂的系统工程。这种复杂程度既体现在内部新旧问题的交织叠加上，也体现在内外因素的深度互动上，其整体性、关联性、动态性前所未有，可谓牵一发而动全身，需要"凭六韬以安天下"。习近平总书记指出，要"统筹兼顾、系统谋划、整体推进，正确处理好顶层设计与实践探索、战略与策略、守正与创新、效率与公平、活力与秩序、自立自强与对外开放等一系列重大关系"。这是通往中国式现代化建设胜利彼岸的"桥或船"，是我们认识问题、分析问题、解决问题的"金钥匙"。

人类文明滚滚向前，是一个不断积累的过程。传统与现代不是截然分开的，现代文明从传统社会中脱胎而来，传统因素构成了现代文明大厦的基座。如果不从源远流长的历史连续性来认识中国，就不可能理解古代中国，也不可能理解现代中国，更不可能理解未来中国。中国式现代化承续着几千年的中华文脉，吸吮着现代文明的丰厚滋养，一定能够创造中华民族巨龙腾飞的新奇迹，一定能够铸就人类文明发展的新高峰。

深度 阅读

　　1. 习近平：《中国式现代化是中国共产党领导的社会主义现代化》，《求是》2023 年第 11 期。
　　2. 习近平：《中国式现代化是强国建设、民族复兴的康庄大道》，《求是》2023 年第 16 期。

5 凤凰涅槃焕新颜

——如何理解高质量发展是全面建设 社会主义现代化国家的首要任务?

　　一部人类文明史，就是人类认识世界和改造世界的历史，也是通过发展不断创造物质财富和精神财富的历史。当代世界，发展是解决人类一切问题的"总钥匙"。很多欠发达国家政治、社会不稳定，根子上是发展短板造成的；今天一些发达国家出现的各种问题，很大程度上也是发展动力衰竭引起的。中国不仅认识到发展的重要性，推动实现了经济快速发

展和社会长期稳定，而且因时应势调整发展理念、方式和格局，不断提升发展的质量和效益，使发展获得源源不断的强劲动力。

没有发展就没有现代化，没有高质量发展就没有全面现代化。党的二十大把高质量发展作为全面建设社会主义现代化国家首要任务鲜明提出来，就是要更加明确发展是党执政兴国的第一要务，着力破解经济发展中面临的突出矛盾和问题，真正实现经济质的有效提升和量的合理增长。这是更好满足人民对美好生活需要的根本前提，是夯实全面建成社会主义现代化强国物质技术基础的必然要求。

◇ 必须跨越的重大关口

现代化发展的一个重要特征，就是相较于传统社会，同样的消耗却可以创造更多的财富，社会生产的效率和经济发展的质量得到大幅提升。从世界现代化的历程来看，很多发达国家都曾经历过质量提升的阶段。20 世纪 60 年代以来，全球 100 多个中等收入经济体中只有十几个成功进入高收入经济体行列。那些取得成功的国家，就是在经历高速增长阶段后实现了经济发展从量的扩张转向质的提高。那些徘徊不前甚至倒退的国家，就是没有实现这种根本性转变。可以说，高质量发展是一个国家迈向现代化绕不过的一道坎。

相关链接

德国制造质量立身

100 多年前，德国产品有着不堪的历史，曾经也是粗制滥造的代名词。19 世纪后期以来，德国制定了一系列严格的标准和制度，实施了一揽子硬核措施和政策，使制造工艺和产品质量大为改观。现在的德国制造可谓有口皆碑，在欧洲乃至全世界都处于领先地位。

日本"质量救国"战略

第二次世界大战后，为了从战争废墟中寻求工业发展之路，日本实施"质量救国"战略，将产品质量升级放在与产业结构调整、贸易立国、贸易振兴同等重要的地位，实施一系列激励措施，推动企业全面增强质量意识，提高产品质量，形成了一大批具有强大竞争力的品牌和企业，提升了"日本制造"的声誉与形象。

韩国"质量赶超"计划

20 世纪 60 年代开始，韩国为了提升本国工业产品在国际上的竞争力，实施"质量赶超"计划，通过举办国家质量管理大会、制定国家质量名匠制度、成立质量管理小组等政策措施，不断加强产品和企业的竞争力，使工业产品和企业成为韩国经济腾飞的重要基础。

对我国来说，高质量发展是经济建设不断向前迈进的必然要求。新中国成立后，我们在满目疮痍、一穷二白的基础上建立起独立的比较完整的工业体系和国民经济体系。改革开放后，我们紧紧扭住经济建设这个中心，不断解放和发展生产力，保持了经济的持续高速增长，实现了从生产力相对落后的状况到经济总量跃居世界第二的历史性突破。但由于一些地方和部门片面追求速度规模，发展方式粗放，经济结构失衡、环境污染、安全事故等问题更加突出，加之人口、资源、环境约束趋紧，传统发展模式难以为继，发展中的矛盾和问题集中体现在发展质量上。

面对我国新发展阶段生产函数和外部环境发生的变化，以习近平同志为核心的党中央站在强国建设、民族复兴的战略高度，作出我国经济由高速增长阶段转向高质量发展阶段的科学判断，鲜明提出实现高质量发展是中国式现代化的本质要求、高质量发展是全面建设社会主义现代化国家的首要任务、坚持以推动

> **在线问答**
>
> **什么是生产函数？**
>
> 生产函数是一个经济学术语，表示在一定时期内，在技术水平不变的情况下，生产中所使用的各种生产要素的数量与所能生产的最大产量之间的函数关系。

高质量发展为主题等重大论断，引领我国经济社会不断迈向高质量发展。新时代我国经济向形态更高级、分工更优化、结构更合理的阶段演进，这是保持经济持续健康发展的客观要求，也是顺应经济发展规律的主动选择。

什么是高质量发展？概而言之，就是能够很好满足人民日益增长的美好生活需要的发展，是体现新发展理念的发展，是创新成为第一动力、协调成为内生特点、绿色成为普遍形态、开放成为必由之路、共享成为根本目的的发展。通俗地说，高质量发展，就是经济发展从"有没有"转向"好不好"。

经过新时代十年的发展转换和升级，我国高质量发展取

广东湛江全力建设世界级临海钢铁产业集群

广东省湛江市位于中国大陆最南端，靠近铁矿石和煤炭等原料产地，拥有天然深水良港，背靠珠三角庞大的消费市场，具有发展钢铁产业的有利条件。近年来，湛江经开区充分利用这一优势，不断完善钢铁下游产业链，全力建设世界级临海钢铁产业集群。到 2025 年，钢铁产业集群产值预计达到 800 亿元左右。图为中国宝武钢铁集团有限公司湛江基地。

得显著成就，中国经济从内到外都在发生着深刻的变化，向着"气质更佳""颜值更高""活力更足"的方向迈进。同时也要看到，高质量发展是一个新旧事物迭代更替的过程，新观念与旧思维、新方式与老套路、创新突破与路径依赖必然要有一个拉锯和胶着的过程。越往深处推动，遇到的阻力就越大，博弈也会更趋剧烈。在这个时候，更加需要我们保持强大的战略定力，坚定高质量发展的大方向不动摇，一步一步往前推进，跨越一个个常规性和非常规性关口，形成高质量发展的良性循环。只有这样，中国经济才能跨过坡坎、越过鸿沟，实现"惊险的一跃"，迈上更高的发展台阶。

全面建设社会主义现代化国家是一个由多维目标构成的系统工程。推动高质量发展之所以是首要任务，就是因为它具有基础性、牵引性的意义。这个基础夯实了，这个牵引有力了，就能带动经济社会各个方面更好发展，从而全面提高我国现代化建设的质量和水平。

◇ 正确看待质和量的关系

质和量是哲学上的一对范畴，描述的是事物发展演变的相继状态，质具有相对的稳定性，量具有一定的动态性。两者的辩证关系，一直是古今中外哲学家把握世界的一个重要维度。老子的"合抱之木，生于毫末；九层之台，起于累土"，荀子的"不积跬步，无以至千里；不积小流，无以成江海"，说的都是量变引起质变的道理。古希腊麦加拉学派提出有趣的"谷堆""秃顶"

在线❓问答

什么是"谷堆""秃顶"论证?

公元前5世纪到公元前4世纪，古希腊麦加拉学派哲学家欧布利德提出了著名的"谷堆""秃顶"论证。"谷堆"论证认为，一粒谷子不能形成谷堆，再加上一粒也不能形成谷堆，如果每次都加一粒谷子，而每增加的一粒又都不能形成谷堆，那怎么能形成谷堆？"秃顶"论证认为，掉一根头发不能成为秃顶，再掉一根也不能成为秃顶，如果每次掉一根，而掉的每一根又不能形成秃顶，那么何时形成秃顶？很明显，上述两个论证与事实不相符。世界上任何事物的变化发展，都是首先从量变开始的。当量的积累达到一定程度，必然会引起质变。加一粒谷子或掉一根头发固然不会形成谷堆或秃顶，但积累到一定程度必然形成谷堆或秃顶。

论证，也反映了质和量的关系问题。马克思主义唯物辩证法把两者关系阐述得十分透彻，认为量变和质变是相互转化的，量变是质变的必要准备，质变是量变的必然结果，质变为新的量变开辟道路。从哲学上认识这个问题，有助于我们更好厘清高质量发展中质量和数量的关系。

但在现实生活中，有的人往往把质和量割裂开来，甚至对立起来，顾此失彼、各执一端。比如，一些地方还没有从原来发展的思维惯性中跳出来，仍然一味追求 GDP，以增速论英雄，热衷于短期效应、盲目扩张，看似轰轰烈烈，实则影响了当地经济发展的质量。同时，另外一种现象也值得警惕。一些地方不顾实际情况，简单搞"一刀切"，出现"无猪县""封炕封灶"等不良现象，不仅影响了当地发展的基础，也给人民群

经验分享

山东临沂大力发展智慧农业

近年来，山东省临沂市把工业化理念引入农业生产，利用智能自动化设备进行蔬菜种植，加快建立集科技引领、特色种植、休闲观光、科普教育等多种功能于一体的现代农业园区，实现传统蔬菜产业升级，为乡村振兴赋能增效。图为该市兰陵国家农业公园农业科技馆蔬菜种植区。

经验 分享

重庆永川打造现代制造业基地

近年来，重庆市永川区紧抓成渝地区双城经济圈战略机遇，利用区位、职教等优势承接产业转移，同时，永川区聚焦数字化与制造业深度融合，深入实施以大数据智能化为引领的创新驱动发展战略，推动一大批制造企业加快智能化改造和数字化转型升级步伐，实现产业能级持续提升，集聚起汽车、电动车等一批链主企业。图为该区一家汽车企业的焊装车间。

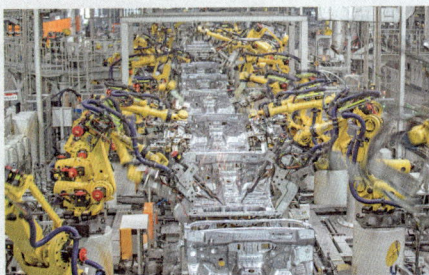

众正常的生产生活带来了不便。这些都启示我们，高质量发展是质量与数量的统一，必须把握好度，把两者保持在合适的范围内。

高质量发展是一个质和量相互关联、相互影响的过程。只有数量、没有质量，不是高质量发展；同样，只有质量、没有数量，也不是高质量发展。从宏观上来看，高质量发展就是要看经济的新增量是不是有质量，如果是结构优化的量、技术贡献提高的量、效率提升的量、碳排放和污染减少的量，这就是高质量发展。所以，推动高质量发展不是不要速度，而是要通过质的有效提升引领量的合理增长，通过量的合理增长支撑质的有效提升，实现更高质量、更有效率、更加公平、更可持续、更为安全的发展。

　　提升质量仍是经济发展的关键。现在，我国经济发展量的增长到了平台期，质的突破还处在酝酿期，我们同发达经济体的差距主要也在质上。从制造业来看，虽然我国制造业规模连续 13 年居世界首位，但高技术制造业领域仍然落后于美国、德国等发达国家；从农业来看，我国农业科技进步贡献率达到62.4%，但相较于荷兰、美国等国的 90% 以上，差距还不小。我国经济规模体量大，只要质的提升取得新的突破，我们就可以迎来量的井喷，开启新一轮发展和赶超。

　　经济增速必须保持在合理区间。我国仍然是发展中国家，人均 GDP 突破 1 万美元还不久，发展的任务还很重，必须长期保持经济的合理增长。如果没有一定的发展速度，经济运行不能保持在合理区间，那么不仅谈不上高质量发展，还会出现种种矛盾和困难。继续把经济"蛋糕"做大，有利于统筹推进扩大就业、改善民生、防范化解风险等工作，为经济社会持续健康发展夯实基础。

◇ 提质增量的关键所在

推动高质量发展，作为中国式现代化建设的首要任务，作为我国经济社会发展的主题，关系我国社会主义现代化建设全局，具有牵头管总的特征，需要我们从宏观和微观、当前和长远、认识和实践上来考量、来把握。党的二十大站在为中国式现代化夯实物质技术基础的高度，对加快构建新发展格局、着力推动高质量发展作出全面部署，提出了构建高水平社会主义市场经济体制、建设现代化产业体系、全面推进乡村振兴、促

经验分享

贵州贵阳"数字农耕"为农民插上增收翅膀

贵州省贵阳市依托大数据发展优势，加快数字化在产品溯源、智能灌溉、智能温室、精准施肥等智慧农业新模式上的推广运用，提高农业生产效率，为传统产业带来蓬勃生机，助力农业增效、农民增收。图为该市开阳县南江蔬菜良种繁育中心。

进区域协调发展、推进高水平对外开放 5 个方面的重点任务。这是我国发展实现跃升的关键点，也是未来五年推动高质量发展的突破口。

发展理念要对头。思想是行动的先导。推动高质量发展，根本前提是牢固树立新发展理念。从这些年的实践看，创新、协调、绿色、开放、共享的发展理念日益深入人心，但只顾一点不及其余、畸轻畸重、以偏概全的现象仍然存在。应该说，无论是主观认识还是客观现实上，统筹把握好 5 个方面的关系有一定难度。这就需要我们提高思想认识、增强发展本领，完整、准确、全面贯彻新发展理念，始终以五大发展理念的内在统一来把握发展、衡量发展、推动发展。

发展方法要科学。今天的中国经济是个"大块头"，体量规模大，发展涉及的因素多，驾驭它需要高超的智慧和科学的方法。在 2022 年中央经济工作会议上，习近平总书记从当前和今后一个时期我国经济发展实际出发，提出了"六个更好统筹"的要求。这是我们推动高质量发展的方法论指引。尤其是在世界经济不确定性因素增多的背

知识要点

六个更好统筹

2022 年 12 月，习近平总书记在中央经济工作会议上提出"六个更好统筹"，强调要更好统筹疫情防控和经济社会发展、更好统筹经济质的有效提升和量的合理增长、更好统筹供给侧结构性改革和扩大内需、更好统筹经济政策和其他政策、更好统筹国内循环和国际循环、更好统筹当前和长远。

经验分享

江苏常州按下新能源产业"快进键"

从传统车间到智慧车间，从燃油产品到新能源产品，从传统化工到绿色环保……江苏省常州市积极发展新能源产业，打造新能源汽车及零部件、动力电池、太阳能光伏等领域的制造基地，逐步形成"发电、储能、输送、应用"的绿色新能源全产业链。目前，常州市拥有锂电池电芯及配套生产企业 120 余家，动力电池产业 2022 年实现产值超 1700 亿元。图为该市经开区产业基地。

景下，要更好统筹国内循环和国际循环，围绕构建新发展格局，增强国内大循环内生动力和可靠性，提升国际循环质量和水平。

发展动力要激发。说一千道一万，推动高质量发展关键要靠干。目前，有的领导干部因怕担责而缺乏干的精神，有的企业家因一些不确定性而不敢干、不愿投，这在一定程度上影响了发展的动力活力。推动高质量发展，需要激发市场活力和社会创造力，充分调动各方面的积极性主动性，让干部敢为、地方敢闯、企业敢干、群众敢首创，干实事、真干事、干正确的事，形成推动高质量发展千帆竞发、百舸争流的生动局面。

经济发展是一个历史运动过程。推动高质量发展，是中国经济凤凰涅槃、浴火重生的必经之路，是推进和拓展中国式现代化的开路先锋。在今天这样一个船到中流浪更急、人到半山路更陡的关键当口，如果现在不抓紧，将来解决起来难度会更高、代价会更大、后果会更重。只要我们咬定青山不放松、坚定不移向前进，就一定能够冲破制约高质量发展的重重障碍，推动中国经济不断迈上新台阶、开创新局面。

深度 阅读

1. 习近平：《当前经济工作的几个重大问题》，《求是》2023 年第 4 期。

2. 习近平：《加快构建新发展格局 把握未来发展主动权》，《求是》2023 年第 8 期。

6 立柱强基方致远

——如何理解教育、科技、人才是
全面建设社会主义现代化国家的
基础性、战略性支撑？

　　世界现代化的进程，从一定意义上说是人类知识革命的产物，离不开教育的积淀、科技的突破、人才的支撑。回顾历史，西欧资本主义国家之所以最早进入现代化，与其兴办一批著名大学、集聚一批一流科学家、产生一批重要科技成果是分不开的。可以说，现代化强国，必定是教育强国、科技强国、人才强国。正是基于对教育、科技、人才重要作用的深刻认识，中国共产党在推进现代化建设的过程中，始终高度重

视发展教育、科技、人才事业，提出了"百年大计，教育为本""科学技术是第一生产力""人才是第一资源"等重大论断，作出了科教兴国战略、人才强国战略、创新驱动发展战略等重大部署，为中国的现代化事业奠定了坚实基础。

推进中国式现代化，长远之策必须靠教育、科技、人才。这是历史发展的结论，更是面向未来的必然。党的二十大报告站在我国社会主义现代化建设事业长远发展的战略高度，把教育、科技、人才作为基础性、战略性支撑，摆在极为重要的位置，对实施科教兴国战略、强化现代化建设人才支撑作出专章部署，提出加快建设教育强国、科技强国、人才强国的目标任务，着力夯实全面建设社会主义现代化国家、全面推进中华民族伟大复兴的智力支持和人才保障。

◇ 教育优先发展

教育作为人类特有的培养人的社会活动，在古今中外传承文明和知识上发挥着不可替代的作用。从我国古代来看，无论是春秋战国时期孔子门下三千弟子、第一所官办学校稷下学宫，还是从隋代开始的科举考试、始建于元代的北京国子监，都是中华民族重教尚学的重要体现。世界上其他地方也是如此。比如古希腊先哲交流思想的柏拉图学园、古印度佛陀讲经的鹿野苑、古埃及王室和贵族学习的宫廷学校，这些都是早期

◆◆北京国子监

◆◆南京中国科举博物馆

文明重视教育的生动例证。

世界进入近代以后，教育发展与社会进步、国家强盛之间的关系更为紧密。一般来说，一个国家成为高等教育中心与科学中心的时间大致是重叠的，进而两者相互作用、相辅相成，促进国家实力快速增长。比如，意大利成为16世纪的世界科学活动中心就源于中世纪大学的勃兴，意大利是当时欧洲大学最多的地方，为其成为世界科学活动中心奠定了基础，也为其资本主义的快速发展创造了有利条件；德国成为近代科学活动中心，也得益于德国大学的教育改革和发展，从而吸引了世界上最优秀的学者和学生，有力促进了德国的统一和崛起。这也启示我们，教育兴则国家兴，教育强则国家强，只有把教育搞上去，培养出高素质人才，才能从根本上增强国家的综合国力，才能在激烈的国际竞争中赢得战略主动。

教育是我国现代化建设的一项基础性事业，是国之大计、党之大计。党的十八大以来，我们党把教育摆在优先发展地位，作出加快推进教育现代化、建设教育强国的重大决策，推动新时代教育事业取得历史性成就、发生格局性变化。我国已建成世界上规模最大的教育体系，教育现代化发展总体水平跨入世界中上国家行列。据测算，我国目前的教育强国指数居全球第23位，比2012年上升26位，是进步最快的国家。这充分证明，中国特色社会主义教育发展道路是完全正确的。但也要看到，我国离教育强国仍有一定差距，"钱学森之问"还不同程度地存在。办好人民满意的教育，办好有利于现代化建设的教育，不仅涉及教育质量的提高、优质资源的均衡，而且涉及教育理念的更新、社会观念的转变。

在线？问答

什么是"钱学森之问"？

2005年，我国著名科学家钱学森提出："现在中国没有完全发展起来，一个重要原因是没有一所大学能够按照培养科学技术发明创造人才的模式去办学，没有自己独特的创新的东西，老是'冒'不出杰出人才。这是很大的问题。"这便是著名的"钱学森之问"。

我们要建设的教育强国，是中国特色社会主义教育强国，必须以坚持党对教育事业的全面领导为根本保证，以立德树人为根本任务，以为党育人、为国育才为根本目标，以服务中华民族伟大复兴为重要使命，以教育理念、体系、制度、内容、方法、治理现代化为基本路径，以支撑引领中国式现代化为核心功能，最终是办好人民满意的教育。

　　培养什么人、怎样培养人、为谁培养人是教育的根本问题，也是建设教育强国的核心课题。育人的根本在于立德。教育传授给学生的不仅是知识，更重要的是价值观塑造、能力锻造、人格养成。培养合格的社会主义建设者和接班人，是功在当代、利在千秋的德政工程，对我国社会主义现代化事业长远发展具有决定性意义。推进教育现代化、建设教育强国，必须落实好党的教育方针，把立德树人融入思想道德教育、文化知识教育、专业知识教育、社会实践教育等各环节，贯穿基础教育、职业教育、高等教育各领域，引导青少年坚定理想信念、厚植爱国主义情怀、培育高尚的道德情操、锻造坚忍不拔的奋斗精神，成为担当民族复兴大任的时代新人。

经验分享

江西井冈山以德育培养红色传人

　　江西省井冈山是中国革命的摇篮，拥有丰富的红色历史文化遗产，保存完好的革命旧居旧址有100多处。当地将红色资源与德育工作结合起来，深入开展理想信念和思想品德教育，定期组织学生实地参观革命旧址，让学生了解红军艰苦斗争的故事。图为井冈山市小学生参观学习革命先烈的英勇事迹。

经验 分享

浙江天台组建城乡教育共同体

为解决城乡教育资源分布不均问题，吸引孩子就近入学，从2022年起，浙江省天台县采取"名校嫁接、强校帮扶、老校领衔"办学模式，通过城乡共享教育资源，着力建设一批"小而美""小而优""小而强"的乡村名校，让农村孩子在家门口上好学。图为该县一小学建设的空中操场。

古人云，有教无类，因材施教。每个人都有自己的禀赋和特点，社会的需要也是多方面的。教育有其自身的规律，最好的教育就是让人人都接受合适的教育。这些年，党和政府一直为促进教育公平、提高教育质量持续不断地努力，使教育的格局和面貌发生了很大变化，在解决有学上、上好学方面取得了显著成效。下一步，将重点围绕建设教育强国的目标任务，加快义务教育优质均衡发展和城乡一体化，强化学前教育、特殊教育普惠发展，坚持高中阶段学校多样化发展，统筹职业教育、高等教育、继续教育协同创新，使教育事业中国特色更加鲜明、教育现代化加速推进、教育方面人民群众获得感明显增强。

教育问题关系千家万户，涉及国计民生，整个社会都高度关注关心。办好人民满意的教育，不单单是学校的事，家庭、社会都需要转变成长成才、职业选择等观念，使教育回归其本质，真正培养出德智体美劳全面发展、符合现代化建设需要的人才，不断厚植人民幸福之本、夯实国家富强之基。

◇ 科技自立自强

科技是人类社会进步的重要引擎，极大增强了人类认识世界和改造世界的能力。在人类古代文明史上，中国的科技发明一直是遥遥领先于世界的。根据《自然科学大事年表》记载，16世纪以前，在影响人类生活最重要的300项科技发明中，中国有175项，占总数的58%以上。英国学者李约瑟称赞道，"在现代科学技术登场前10多个世纪，中国在科技和知识方面的积累远胜于西方"。

世界进入近代以后，西方科技的发展取得重大突破，完成了从蒸汽机到电气化再到信息技术的迭代演进，推动西方现代化大踏步向前。与此同时的几百年间，中国经历了从充耳不闻到亦步亦趋再到奋起追赶的过程，科技水平从远远落后于西方到逐渐缩小与西方的差距，但总体上还是处在落后于人的状态。最近二三十年，中国科技发展突飞猛进，某些领域实现了从跟跑、并跑到领跑的转变，但一些关键核心技术仍然受制于人，存在着"卡脖子"现象，成为我国发展的

在线 **?** 问答

什么是"阿喀琉斯之踵"?

在古希腊神话中,有一位名叫阿喀琉斯的英雄,传说他刀枪不入、所向无敌,但身上有一个"死穴"——脚后跟,是最脆弱的地方。在特洛伊战争中,知道阿喀琉斯弱点的对手,用箭射中了他的脚后跟,导致阿喀琉斯身亡。后来,人们用"阿喀琉斯之踵"来说明一个道理:再强大的人和事物,如果存在致命的弱点,也容易被击垮。

"阿喀琉斯之踵"。

党的十八大以来,以习近平同志为核心的党中央坚持把科技创新摆在我国现代化建设全局的核心位置,大力推进科技自立自强,在许多重要领域取得自主创新的历史性突破,"神舟"飞天、"蛟龙"入海、"嫦娥"奔月、"墨子"传信、"北斗"组网、"天眼"巡空、"天问"探火等成就令世人为之惊叹。在全球创新指数排名中,我国从2012年的第34位上升到2022年的第11位。

当今世界正经历百年未有之大变局,科技创新是其中一个关键变量。各主要国家纷纷把科技创新作为国际战略博弈的主要战场,围绕科技制高点的竞争空前激烈。科学技术从来没有像今天这样深刻影响着国家前途命运,从来没有像今天这样深刻影响着人民生活福祉。党的二十大瞄准2035年我国进入创新型国家前列的目标,专门部署了完善科技创新体系、加快实施创新驱动发展战略的重点任务,对加快实现高水平科技自立自强、加快建设科技强国提出了新的要求。

推进高水平科技自立自强,完善科技创新体系尤为重要。

历史和现实表明，许多影响深远的科技创新都是巨大的系统工程，需要的人力、物力、财力，包括时间成本，都不是个人或企业能够单独承担的。我国具有社会主义集中力量办大事的制度优势，可以通过合理的制度安排转化为科技创新的优势。党的二十大提出完善党中央对科技工作统一领导的体制、健全新型举国体制、强化国家战略科技力量等重大战略部署，并就完善科技创新体系提出一系列具体举措。这样的制度设计，以国家为强大后盾，以社会为创新源泉，把政府、市场、社会等各方面力量拧成一股绳，必将为实现高水平科技自立自强提供有力保障。

现代社会发展理论认为，要素投入和科技创新是驱动发展的两个重要途径，依靠要素投入驱动发展边际效益会越来

经验分享

江苏南京抓牢创新"牛鼻子"

近年来，江苏省南京市立足服务高水平科技自立自强，充分发挥全国唯一科技体制综合改革试点城市优势，全面加快国家创新型城市建设，打造具有全球影响力的产业科技创新中心主承载区、综合性国家科学中心和区域科技创新中心，抓牢创新"牛鼻子"，当好创新"排头兵"，科技创新对高质量发展的支撑力显著增强。图为该市紫金山实验室展厅。

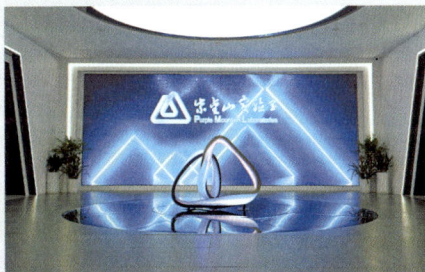

2022 年度中国科学十大进展

2023 年 3 月 17 日，科技部高技术研究发展中心（基础研究管理中心）发布了 2022 年度中国科学十大进展，涵盖数理天文信息、化学材料能源、地球环境、生命医学等领域。

1. 祝融号巡视雷达揭秘火星乌托邦平原浅表分层结构
2. FAST 精细刻画活跃重复快速射电暴
3. 全新原理实现海水直接电解制氢
4. 揭示新冠病毒突变特征与免疫逃逸机制
5. 实现高效率的全钙钛矿叠层太阳能电池和组件
6. 新原理开关器件为高性能海量存储提供新方案
7. 实现超冷三原子分子的量子相干合成
8. 温和压力条件下实现乙二醇合成
9. 发现飞秒激光诱导复杂体系微纳结构新机制
10. 实验证实超导态"分段费米面"

小，依靠创新驱动发展则潜力无限。我国提出加快实施创新驱动发展战略，是适应我国发展阶段性特征的必然选择，也是遵循经济社会发展规律的必然要求。实施这一重大战略，就是要坚持面向世界科技前沿、面向经济主战场、面向国家重大需求、面向人民生命健康，加快实现高水平科技自立自强，在原创性引领性科技攻关、国家重大科技项目、基础研究以及科技成果转化上取得明显进展，为实现高质量发展、推进现代化建设提供不竭动力。

纵观世界科技史，凡是重大的科技创新，都是建立在整个人类文明成果的基础之上的。我们强调科技自立自强，并不排斥向他人学习借鉴，而是以开放共赢的态度，加强对外科技交流合作，与国际社会一道共同推动科技发展与进步，以更好推进世界现代化进程，更好造福各国人民。

◇ 人才引领驱动

"人才"一词最早源自《周易》的"三才之道"，指的是与天才、地才并称的概念，后逐渐衍生出有才华和能力的人的意思。我国自古就把人才奉为富国之本、兴邦大计。周文王对姜子牙等人才求贤若渴，演绎了"磻溪访贤"的人间佳话；"战国四公子"各个号称门下"食客三千"，以礼贤下士、善待门客闻名天下；燕昭王"高筑黄金台"的故事，成为我国历代文人士大夫推崇的重视人才的文化语码。从世界范围看，16世纪以来，伴随着科技的发展，全球先后形成了意大利、英国、法国、德国和美国5个科学和人才中心，为西方现代化的启动和发展提供了有利条件。

功以才成，业由才广。在百年奋斗历程中，我们党始终重视培养人才、团结人才、引领人才、成就人才，团结和支持各方面人才为党和人民事业建功立业。党的十八大以来，以习近平同志为核心的党中央作出全方位培养、引进、使用人才的重大部署，提出"加快建设世界重要人才中心和创新高地"

相关链接

战国四公子

战国时代，群雄逐鹿，天下纷争。各诸侯国贵族竭力网罗人才，养士之风盛行。其中，以齐国孟尝君田文、赵国平原君赵胜、魏国信陵君魏无忌与楚国春申君黄歇最为著名，他们礼贤下士、广交宾客，各有食客数千人，后人称之为"战国四公子"。

高筑黄金台

战国后期，燕昭王身边谋士郭隗给他讲了一个故事：古代一位侍臣为君王买千里马，却只买了死马的骨头回来，君王大怒而不解，侍臣解释说，如果大家看见君王连千里马的骨头都肯用千金买回来，就会认为君王是真正想要高价买千里马，就会自然而然把千里马送上门来。后来果真如侍臣所言，不到一年就有几匹千里马被呈送上来。郭隗劝谏燕昭王说，你可把我当作马骨，引得大批千里马。燕昭王觉得有理，尊郭隗为老师，为他在易水河边筑起高台，上面堆满黄金，名叫招贤台，亦名黄金台。燕昭王招贤的举措，引来天下人才的纷纷归附。

的重大任务，推动我国人才事业蓬勃发展。截至 2022 年 6 月，我国人才资源总量达 2.2 亿人，已经拥有一支规模宏大、素质优良、结构不断优化、作用日益突出的人才队伍。

但也必须看到，与我们面对的国内外形势任务相比，我国培养、引进和使用人才的任务还很重。当前，新一轮科技革命和产业变革迅猛发展，世界主要国家综合国力和科技的竞争更趋激烈，对人才的需求更加迫切；中华民族比历史上任何时候都更接近实现伟大复兴的宏伟目标，也比历史上任何时候都更加渴求人才。现在，我国正处于政治最稳定、经济最繁荣、创新最活跃的时期，为我们加快建设世界重要人才中心和创新高地创造了有利条件。党的二十大立足全局、面向未来，对深入实施人才强国战略作出新的战略谋划，提出坚持为党育人、为国育才，全面提高人才自主培养质量，着力造就拔尖创新人才，聚天下英才而用之，为我国现代化建设提供强有力的人才支撑。

自主培养人才。坚持独立自主，是党和国家事业不断取得成功的一条基本经验，也是我们这样一个发展中大国培养人才的主要途径。我国对人才数量、质量、结构的需求都是全方位的，满足这样庞大的人才需求必须主要依靠自己培养，提高人才供给自主可控能力。我国高等教育体系规模居世界前列，有各项事业发展的广阔舞台，完全能够培养造就出更多大师、战略科学家、一流科技领军人才和创新团队、青年科技人才、卓

经验分享

福建泉州打造聚才引才"强磁场"

福建省泉州市始终把人才优先发展摆在重要战略位置，全方位培养、引进、使用人才，持续实施人才强市战略，不遗余力为人才成长发展、创新创业创造条件。截至目前，泉州人才队伍总量达228万人，其中累计引进聚集国家级人才计划专家逾百名，入选省级人才计划逾2200名。图为2023年6月20日举办的首届"泉州人才节"现场。

越工程师、大国工匠、高技能人才。

大力引进人才。"水积而鱼聚，木茂而鸟集。"人才集聚主要靠培养也要靠引进，如果说自主培养是"造血"，引进人才则是"输血"。近代以来的人类历史表明，人才总是向发展势头好、文明程度高、创新最活跃的地方集聚。现在，我国已经具备了人才集聚的诸多有利条件，需要进一步加大人才对外开放力度，加强人才国际交流，坚持全球视野、世界一流水平，构建具有全球竞争力的人才制度体系，形成强大的"磁场效应""虹吸效应"，把更多全球顶尖人才、智慧资源、创新要素吸引进来。同时，支持和鼓励人才"走出去"，学习国外先进知识、技术和经验，更好地为我国现代化建设各项事业服务。

用好用活人才。人尽其才，百事俱举。历史和现实反复证明，能否合理使用人才，是事业兴衰成败的关键。善于用好人才，需要有爱才惜才的诚意、容才兴才的雅量，坚持以用为本、重在使用，着力创新体制机制、营造良好环境、搭建干事创业平台，使各类人才用当适任、用当其时、用当尽才，让有真才实学的人才英雄有用武之地。特别是青年人才处于人生创新创造的黄金期，只有加大对他们的使用力度，支持青年人才挑大梁、当主角，承担起更大责任，才能为事业发展提供不竭的动力和源泉。

中国式现代化是一项宏伟而艰巨的历史伟业，需要几代人付出艰苦的努力，需要不断夯实向前发展的根基。教育强国、科技强国、人才强国具有内在一致性和相互支撑性，犹如我国现代化建设的三块柱石，共同夯实全面建设社会主义现代化国家巍峨大厦的坚固根基，助推中华民族伟大复兴事业朝着更高阶段迈进。

深度阅读

1. 习近平：《加快建设科技强国　实现高水平科技自立自强》，《求是》2022 年第 9 期。

2.《习近平在中共中央政治局第五次集体学习时强调加快建设教育强国　为中华民族伟大复兴提供有力支撑》，《人民日报》2023 年 5 月 30 日。

3. 习近平：《加强基础研究　实现高水平科技自立自强》，《求是》2023 年第 15 期。

7 中国之治**显智慧**

——如何理解人民民主是全面建设社会主义现代化国家的应有之义？

回溯人类历史，人们对民主的追求由来已久，在各个古代文明中都有不同程度的体现，成为推动历史向前发展的进步因素。人类迈入现代化进程后，社会历史领域的一个重大变化，就是人们的民主意识日益觉醒和高涨，对民主制度的探索更加迫切和深入。从西方民主制度几百年的演变来看，应当承认它在反对封建专制方面的进步意义，肯定其在推动世界现代化发展中的积极作用，但它总体上代表的是资产阶级的利益，是少数人的民主。

民主是全人类的共同价值，是中国共产党和中国人民始终不渝坚持的重要理念。历史和实践告诉我们，没有民主就没有社会主义，就没有社会主义的现代化，就没有中华民族的伟大复兴。发展全过程人民民主，保障人民当家作主，是坚持走中国特色社会主义政治发展道路的必然要求，是全面建设社会主义现代化国家的重要任务。这是对社会主义民主政治建设规律的深刻总结，也是推进和拓展中国式现代化在政治领域的集中体现。

◇ 人民民主是社会主义的生命

人民民主，通俗地说就是国家的一切权力属于人民，占社会大多数的人民当家作主。作为人类社会的一种新型社会制度，社会主义在政治上追求的目标就是实现人民民主。马克思恩格斯在《共产党宣言》中指出，"无产阶级的运动是绝大多数人的，为绝大多数人谋利益的独立的运动"，这个运动的第一步，就是"使无产阶级上升为统治阶级，争得民主"。

中国共产党领导的新民主主义革命，与旧民主主义革命最大的区别，就是要在中国建立一个无产阶级领导的民主国家，让大多数人成为民主的主体。我们党领导人民为争取民族独立、人民解放而英勇斗争，与此同时，在革命根据地进行民主制度的积极探索。比如抗日战争时期，我们党在陕甘宁边区实行"三三制"、"豆选法"、民族区域自治等民主制度，为在全国范围内建立新的民主政权积累了有益经验。毛泽东同志曾说，"陕甘宁边区的方向就是全国新民主主义的方向"。

相关链接

三三制

"三三制"是中国共产党在抗日根据地建立民主政权所采取的制度，主要是在政权机构和民意机关的人员名额分配上，代表工人阶级和贫农的共产党员、代表广大小资产阶级的非党左派进步分子、代表中等资产阶级和开明绅士的中间分子各占1/3。这一制度的成功实践，对建立抗日民族统一战线、反对国民党一党专政起到了积极作用，也对中国共产党领导的多党合作和政治协商制度进行了初步探索。图为陕甘宁边区政府旧址。

豆选法

"豆选法"是抗日战争时期陕甘宁边区农民用豆子作选票选出自己中意的候选人的一种政治参与方式。针对当时文盲占绝大多数的情况，在选举时，候选人背对选民坐成一排，每人背后放有一个空碗，18岁以上的村民在

领到豆子后，将豆子放在中意的候选人碗中，根据碗中的豆子数确定最终人选。图为边区老百姓用豆子投票选举。

◆◆ 1947 年 5 月，党领导的内蒙古自治区宣告成立

新中国成立特别是社会主义制度建立后，我们党领导人民围绕人民当家作主这一目标，建立健全人民代表大会制度、中国共产党领导的多党合作和政治协商制度、民族区域自治制度、基层群众自治制度、爱国统一战线等，初步构建起一套社会主义民主政治制度，让人民真正成为国家和社会的主人。然而，后来发生的"文化大革命"，使我国民主制度遭到严重破坏，人民的民主权利无法得到保障。改革开放后，我们充分汲取了社会主义民主政治建设正反两方面的经验，形成了中国特色社会主义政治发展道路，不断健全各项民主政治制度，为改革开放和社会主义现代化建设顺利推进提供坚实保障。

党的十八大以来，以习近平同志为核心的党中央深刻把握社会主义民主政治的特点规律，进一步丰富和发展了人民民主的科学内涵，鲜明提出了全过程人民民主的重大理念，不断健全人民当家作主制度体系，充分发挥社会主义协商民主重要作用，丰富民主形式，畅通民主渠道，从各层次各领域各环节扩大人民有序政治参与，推动我国社会主义民主政治取得历史性进步。实践证明，社会主义愈发展，民主也愈发展。今天，全过程人民民主在中华大地展现出蓬勃生机和强大生命力，中国人民对自己的民主制度更加自信，中国特色民主之路越走越宽广。

◇ 发展全过程人民民主

民主是人类文明发展进步的重要标志，这已经成为当今世界大多数国家的共识。民主的具体制度可以不尽相同，但好的民主制度必须能够最大限度反映民意，这才是民主的精神和价值所

经验分享

广西阳朔建强人大代表履职"新阵地"

广西壮族自治区阳朔县积极发挥人大代表的作用，按照"标准化、品牌化、常态化"要求推进人大代表联络站建设，完善基础设施和工作制度，抓场所"标准化"建设，抓经验"品牌化"推广，抓活动"常态化"开展，在"建、管、用"三方面下足功夫，让小站点提供"大服务"，使其成为人大代表履职为民的"新阵地"。图为该县人大代表听取群众意见。

在。从西式民主的实践来看，民主极端化、形式化、金钱化等现象愈演愈烈，使民主沦为维护少数人利益的工具，对大多数人的利益是漠视的。我们党提出发展全过程人民民主，就是要充分体现人民意志、保障人民权益、激发人民创造活力。这是我国社会主义民主政治的内在属性，也是由我们党的性质宗旨决定的。

全过程人民民主最为关键的就是"全过程"，即把人民民主体现到经济、政治、文化、社会、生态等各个方面，贯通民主选举、民主协商、民主决策、民主管理、民主监督等各个环节，实现全链条、全方位、全覆盖的民主，实现最广泛、最真实、最管用的社会主义民主，使国家政治生活和社会生活各个方面都体现人民意愿、听到人民声音。在我国具体民主实践中，我们通过一系列制度安排，保证了全过程人民民主的有效实现。

人大制度须坚持。人民代表大会制度是我国的根本政治制度，是坚持党的领导、人民当家作主、依法治国有机统一的根本政治制度安排，是实现我国全过程人民民主的重要制度载体。在我国，人民通过人民代表大会行使国家权力，各级人大都由民主选举产生，对人民负责，受人民监督；各级国家行政机关、监察机关、审判机关、检察机关都由人大产生，对人大负责，受人大监督。毛泽东同志曾形象地说："我们的主席、总理，都是由全国人民代表大会产生出来的，一定要服从全国人民代表大会，不能跳出如来佛的手掌。"这充分说明，人大制度是人民握紧"权杖"最有效的制度设计，是实现全过程人民民主最集中的体现。

协商民主显优势。社会主义协商民主是中国共产党和中国人民的伟大创造，是实现全过程人民民主的重要形式。在中国特色社会主义制度下，有事好商量，众人的事情由众人商量，找到全社会意愿和要求的最大公约数，是人民民主的真谛。我们坚持和完善中国共产党领导的多党合作和政治协商制度，通过政党协商、人大协商、政府协商、政协协商、人民团体协商、基层协商以及社会组织协商等形式，全方位、多层次保证人民有序参与政治生活，最大限度凝聚社会各方面的智慧和共识，形成推动经济社会发展的强大合力。

基层民主激活力。基层民主是全过程人民民主的重要体现。完善基层群众自治制度，是社会主义民主政治建设的基

经验分享

贵州麻江"院坝协商"解难题

贵州省黔东南苗族侗族自治州麻江县始终坚持协商于民、协商为民，把"有事好商量，众人的事情众人办"作为检验标尺，把解决好人民群众的操心事、烦心事、揪心事作为一切工作的出发点和落脚点，着力协商解决基层的实际困难，实现了在群众中议事、在协商中成事。图为该县坝芒乡水城村水头组正在召开"院坝协商"圆桌会。

础，是保障人民当家作主最直接的形式。这些年，我国基层民主创新十分活跃，从民主恳谈会、民主听证会到党代表、人大代表、政协委员联合进社区，从"小院议事厅"到"板凳民主"，从"线下圆桌会"到"线上议事群"，广大人民在火热的基层生活中，探索创造了一个个充满烟火气的民主实现形式。人们通过这些接地气、聚人气的民主实践，使全过程人民民主在基层得到充分实现。

统一战线促团结。人心是最大的政治，统一战线是凝聚人心、汇聚力量的强大法宝。在我们党的百年奋斗中，正是凭借着这个制胜法宝，我们才团结全国各族人民和衷共济、同心协力，打倒了北洋军阀、赶走了日本侵略者、推翻了国民党反动派的腐朽统治，赢得了革命的最终胜利，并把社会主义建设和改革事业不断推向前进。新时代新征程上，巩固和发展最广泛的爱国统一战线，就是坚持在党的领导下，发挥我国社会主义新型政党制度优势，坚持和完善民族区域自治制度，团结一切可以团结的力量，围绕实现中华民族伟大复兴中国梦一起来想、一起来干。

◇ 中国式民主好在哪儿

世界上没有放之四海而皆准的民主模式。判断一个国家的民主制度好不好，关键是要从这个国家基本国情来认识，从产生的实际效果来分析，从人民的满意程度来衡量。正如习近平总书记所指出的，"鞋子合不合脚，只有穿的人才知道"。全过程人民民主，是党领导人民"穿合脚的鞋"、走自己的路探索出来的结果，是中国式民主长期发展、不断完善、内生性演化的产物，合乎我国国情、适应时代要求、体现人民意志，在实践中发挥着巨大作用，具有显著的优越性和强大的生命力。

它体现了过程民主和成果民主的统一。民主不是装饰品，不是用来做摆设的，而是要用来解决人民需要解决的问题的。一个国家民主不民主，关键在于是不是真正做到了人民当家作主，要以"四个要看、四个更要看"为评价标准。有的西方国家，人民只有在投票时被唤醒、投票后就进入休眠期，只有竞选时聆听天花乱坠的口号、竞选后就毫无发言权，只有拉票时

知识要点

四个要看、四个更要看

2021年10月，在中央人大工作会议上，习近平总书记在谈到看一个国家民主不民主的问题时，提出了"四个要看、四个更要看"的重要论断：

1. 要看人民有没有投票权，更要看人民有没有广泛参与权。

2. 要看人民在选举过程中得到了什么口头许诺，更要看选举后这些承诺实现了多少。

3. 要看制度和法律规定了什么样的政治程序和政治规则，更要看这些制度和法律是不是真正得到了执行。

4. 要看权力运行规则和程序是否民主，更要看权力是否真正受到人民监督和制约。

受宠、选举后就被冷落，这样的民主不是真正的民主。全过程人民民主不仅存在于票决环节，而且存在于民主的整个过程，更体现在民主治理的效能和结果上。

它体现了程序民主和实质民主的统一。这涉及形式和内容的关系问题，好的民主一定是形式与内容相一致的民主。马克思恩格斯指出："民主是什么呢？它必须具备一定的意义，否则它就不能存在。因此全部问题就在于确定民主的真正意义。"没有真正意义的民主是虚伪的、空洞的。就像一些西方国家，民主程序表面上很严密，但实则被选举政治、极端民主牵着鼻子走，造成严重的"政治空转"，很多问题长期议而不决，消耗了巨大的政治成本和社会资源。中国式民主不仅有完整的制度程序，也有完整的参与实践，通过一系列的制度安排和途径方式，确保人民依法管理国家事务，管理经济和文化事业，管理社会事务。

它体现了直接民主和间接民主的统一。所谓直接民主，就是人民直接参与政治活动，参与公共事务的决策和管理；间接民主，就是人民通过选举自己的代表来行使国家权力。这两者各有特点和优势，结合得好就能做到相互补充、相得益彰，使全体人民的民主权利得到最充分的保障和体现。从西式民主来看，无论是总统制、半总统制还是议会制，实行的都是单一的代议制民主，最后都不可避免地沦为"国家权力被少数精英所把持""政党轮替利益分赃"的虚伪民主。在我国，直接民主和间接民主都得到了广泛实现。比如人民代表大会制度，县乡两级人大代表由选民直接选举产生，县级以上人大代表由下一级人大选举产生。特别是近些年来，我们不仅完善了间接民主的各项制度，使之更加充分地反映民意，而且广泛开展了网络问政、开门立法等活动，扩大直接民主的参与渠道。

它体现了人民民主和国家意志的统一。马克思主义认为，民主就是人民主权、人民意志的实现，就是人民自己创造、自己建立、自己规定国家制度，并运用这种国家制度决定自身事务的过程与结果。在我国，民主集中制这个国家组织形式和活动方式的基本原则，很好地把人民民主和国家意志结合起来。首先，充分发扬民主，集思广益，使人民的意愿和要求得到最广泛的表达和反映。在此基础上，提炼出人民意愿和要求的最大公约数，经过法定程序上升为统一的国家意志，并通过人民民主监督来确保得到忠实执行。

经验分享

浙江杭州临安"民生议事堂"助推基层民主

浙江省杭州市临安区在辖区内村社打造"民生议事堂"平台，通过村民、干部、乡贤等多方代表现场协商，将民意转化为对策建议和服务项目，全面推进基层工作，着力提升村社基层民主水平。图为该区玲珑街道夏禹桥村开展"民生议事堂"协商活动。

　　一种民主政治制度的成长，总是同所在国家大的历史进程紧密联系在一起的。中国式民主和中国式现代化息息相关、同频共振，统一于全面建设社会主义现代化国家的伟大实践中。随着中国式现代化的不断推进和拓展，中国式民主的旗帜必将在社会主义中国更加耀眼地高高飘扬，为人类政治文明进步作出充满中国智慧的贡献。

深度 阅读

　　1. 习近平：《在中央人大工作会议上的讲话》，《求是》2022 年第 5 期。

　　2. 习近平：《在中央政协工作会议暨庆祝中国人民政治协商会议成立 70 周年大会上的讲话》，《求是》2022 年第 6 期。

8 法治兴则国家兴

——如何理解在法治轨道上全面建设
社会主义现代化国家？

人类为什么需要法律？这个看似简单、想起来又很复杂的问题，实质上反映了人们对法律的本质、作用和精神的追问。在人类社会发展进程中，法律不是一开始就有的，而是随着社会的进步、人们生产生活的发展而产生的，特别是在阶级和国家产生之后，相对系统的成文法开始出现。法治是衡量文明程度的一把尺子，法治愈发达，文明愈进步。尤其是近几百年的世界历史表明，一个现代化国家必然是法治国家，国家要走向现代化必须走向法治化。

相关链接

中国古代最早的成文法

传说中国最早的法是《禹刑》，其性质相当于现代的刑法典，具体内容已经无法考证，在文献中有零星的记载。中国历史上最早有实物为证的成文法是《刑书》，公元前536年，春秋时期郑国执政卿子产将郑国的法律条文铸在象征诸侯权位的金属鼎上。图为"铸刑书"画面。

《汉谟拉比法典》

《汉谟拉比法典》是古巴比伦国王汉谟拉比在公元前18世纪制定颁布的，是世界历史上第一部最详细的早期奴隶制国家的成文法典。《汉谟拉比法典》原文刻在一段黑色玄武岩石柱上，由序言、正文和结语3部分组成，正文包括282条法律，对刑事、民事、贸易、婚姻、继承、审判等制度都作了详细的规定。《汉谟拉比法典》的颁布推动古巴比伦王国进入上古两河流域的全盛时代。图为收藏在法国卢浮宫的《汉谟拉比法典》石柱。

《十二铜表法》

公元前5世纪中叶罗马共和国颁布的《十二铜表法》，是已知罗马法的最早成文法。这一法律因刻在12块铜牌上而得名，包括债务法、继承法、婚姻法等方面，对奴隶主私有制、家长制、继承、债务、诉讼程序等方面都作了规定，限制了贵族法官随心所欲地解释法律的权力，一定程度上保护了平民的利益。

法治建设是中国式现代化的内在要求和重要任务。党的十八大以来，以习近平同志为核心的党中央从关系党和国家长治久安的战略高度，把全面依法治国放在事业发展全局中来谋划和推进，推动法治中国建设取得重大成就、迈出坚实步伐。党的二十大围绕建设中国特色社会主义法治体系、建设社会主义法治国家的总目标，对立法、执法、司法、普法等工作提出新的要求，全面推进国家各方面工作法治化，确保我国社会主义现代化事业在法治轨道上运行。

◇ 法治道路坚定走

法治属于上层建筑，是由经济基础决定的，与一个国家特定历史条件下经济、政治和文化等因素密切相关。不同国情、社会制度和历史文化传统的国家，法治道路必然不同。从当今世界范围来看，并没有一条"包打天下"的法治道路，即使同在西方国家法治框架内，也存在着英美法系和大陆法系的差别。我国有着悠久的历史文化，是社会主义法治国家，这就决定了我们必定要走自己的法治道路。

从历史看，我国法治道路有其形成的必然逻辑。新中国成立后，党领导人民在摧毁国民党旧法统的基础上，开始社会主义法治建设，比如制定了"五四宪法"和婚姻法、土地改革法、选举法等一批重要法律法规，设置了相应的司法机关，为我国法治道路奠定了重要基础。改革开放后，我们汲取法治建设的经验教训，围绕改革开放和社会主义市场经济不断完善各方面

相关链接

新中国第一部法律婚姻法

1950年4月13日，中央人民政府委员会第七次会议通过《中华人民共和国婚姻法》，并于同年5月1日施行。这是新中国成立后诞生的第一部具有基本法性质的重要法律。这部婚姻法充分体现了婚姻自由，为无数两情相悦的男女追求幸福生活、建立社会主义新型家庭关系提供了法律保障。图为当时北京市的基层干部在街头书写宣传婚姻法的黑板报。

的法律制度，推进党和国家各项事业的规范化、制度化和法治化，为中国大踏步赶上时代提供了有力的法治保障。

新时代以来，法治中国建设按下快进键、驶上快车道。我们党全面推进依法治国，加快建设中国特色社会主义法治体系，坚持依法治国、依法执政、依法行政共同推进，法治国家、法治政府、法治社会一体建设，加强重点领域立法，推进严格规范公正文明执法，深化司法体制改革，持续开展全民普法，不断夯实法治固根本、稳预期、利长远的保障作用。以立法为例，截至2023年6月，我国现行有效法律297件、行政法规600件、地方性法规1.3万余件，形成了较为完善的中国特色社会主义法律体系。可以说，过去十年，是我国法治建设取得重大进展的十年，是中国特色社会主义法治道路越走越宽广的十年。

中国特色社会主义法治道路的核心要义，主要包括 3 个方面的内容：一是坚持党的领导，二是坚持中国特色社会主义制度，三是贯彻中国特色社会主义法治理论。其中，党的领导是社会主义法治的政治保证，中国特色社会主义制度是全面推进依法治国的制度保障，中国特色社会主义法治理论是法治中国建设的行动指南。这 3 个方面是中国特色社会主义法治道路最本质的规定，确保了我国法治建设始终沿着正确的方向前进。

走出一条好的法治道路不容易，关键是要坚定不移地走下去。习近平总书记指出："我国法治建设的成就，大大小小可以列举出十几条、几十条，但归结起来就是开辟了中国特色社会主义法治道路这一条。"这条道路凝结着我们党和人民法治理论和实践的全部智慧，必须坚定自信、保持定力，必须倍加珍惜、始终坚持。

◇ 法治体系强骨干

中国古人讲"法者，治之端也"，说的是法律的制定和实施是国家治理的开始。随着人类政治文明的发展，法律在国家治理中的作用越来越突出。从我国政治建设的实践来看，中国特色社会主义法治体系，本质上是中国特色社会主义制度的法律表现形式。在推进国家治理体系和治理能力现代化的进程中，这一体系是居于重要地位的骨干工程，具有基础性、稳定性、长远性的作用。

从法治建设本身来讲，全面推进依法治国的工作千头万绪，涉及方方面面，必须有一个总抓手来总揽全局、牵引各方，使各项工作协同推进、形成合力。建设中国特色社会主义法治体系就是这个总抓手，依法治国的各项工作都要围绕这个总抓手来谋划、来推进。它"举一纲而万目张，解一卷而众篇明"，是全面推进依法治国的关键和要害，体现了我国各领域改革发展对提高法治水平的迫切要求。

特别关注

在北京、杭州、广州设立 3 家互联网法院

2017 年 8 月，最高人民法院在杭州设立全球首家互联网法院，2018 年 9 月，又在北京、广州成立两家互联网法院。互联网法院成立以来，集中审理辖区内的涉互联网民事、行政案件，探索了一系列"网上案件网上审理"的审判工作机制，开启了中国互联网案件集中管辖、专业审判的新篇章。截至 2022 年年底，3 家互联网法院共受理互联网案件 42.9 万件，审结 41.5 万件，在线立案申请率为 98.5%。图为杭州互联网法院案件受理窗口。

法治格言

法令者，民之命也，为治之本也。 ——商　鞅

治民无常，唯法为治。 ——韩　非

法立于上则俗成于下。 ——苏　辙

法律的基本意图是让公民尽可能地幸福。 ——柏拉图

在一切能够接受法律支配的人类的状态中，哪里没有法律，哪里就没有自由。 ——洛　克

法律，在它支配着地球上所有人民的场合，就是人类的理性。

——孟德斯鸠

中国特色社会主义法治体系是一个系统全面、逻辑严密、内涵丰富、内在统一的科学体系。其中，包括完备的法律规范体系、高效的法治实施体系、严密的法治监督体系、有力的法治保障体系以及完善的党内法规体系。这个由"4+1"组成的"五大体系"，既各有侧重又相互联系，涵盖了法律制定与法律实施、法治运行与保障机制、依法治国与从严治党等各个层面、各个环节，贯穿于全面推进依法治国的全过程。

中国特色社会主义法治体系之所以在我国国家治理中发挥着极为重要的作用，是因为它具有鲜明特点和突出优势。它坚持党的领导、人民当家作主和依法治国相统一，确保党领导人民依法治理国家，确保依法保障国家的一切权力属于人民，使国家政治生活既充满活力又安定有序；它坚持依法治国和依规治党相衔接，一体建设国家法治体系和党内法规体系，使两套

既相对独立又密切联系的体系相辅相成，形成国家治理的强大合力；它坚持依法治国和以德治国相结合，发挥法治对道德的保障作用，强化道德对法治的支撑作用，实现良法和美德的相互补充、法治和德治的效果集成。

"法与时转则治，治与世宜则有功。"建设中国特色社会主义法治体系是一个庞大而艰巨的长期任务，涉及党和国家事业的各个方面，与经济社会发展进程有高度的相关性，不可能一蹴而就、毕其功于一役，必须随着现代化建设实践的发展而不断丰富完善。

◇ 法治中国进行时

人类历史表明，国家的强盛往往是同法治相伴而生的。什么时候重视法治、法治昌明，什么时候就国泰民安；什么时候忽视法治、法治松弛，什么时候就国乱民怨。推进中国式现代化，实现中华民族伟大复兴，离不开健全的社会主义法治的有力保障。未来五年，是全面建设社会主义现代化国家开局起步的关键时期，也是法治中国建设深入推进的重要阶段。

在科学立法上，完善以宪法为核心的中国特色社会主义法律体系。良法是善治的前提。立法是法治中国建设的第一道"工序"，必须发挥好这个"开路先锋"的引领作用，这样才能夯实全面依法治国的基础。宪法在我国法律体系中居于

浙江湖州南浔推行"大综合一体化"提升执法效能

浙江省湖州市南浔区统筹跨部门跨领域综合行政执法，通过"一支队伍、一个团队、一套应用"的"大综合一体化"，实现生态环境、市场监管、卫生健康、应急管理、农业农村等多部门联合执法，对辖区内工地、小区、企业、商超、餐馆等监管对象"综合查一次"，妥善解决了交叉执法、重复执法、监管缺位等执法痛点，有效提升基层行政执法效能和群众满意度。图为该区综合行政执法队工作人员对商户售卖食品进行检查。

核心位置，是国家的根本大法、治国安邦的总章程，必须维护宪法权威，加强宪法实施和监督，更好发挥宪法在治国理政中的重要作用。与此同时，随着我国经济社会活动的拓展，必须加强重点领域、新兴领域、涉外领域立法，统筹立改废释纂，增强立法系统性、整体性、协同性、时效性，努力使我们的法律立得住、行得通。

在严格执法上，扎实推进依法行政。法律的生命力在于实施，如果有了法而不严格执法，法律就成了"纸老虎"和"稻草人"，也就失去了效力。法治政府建设是全面依法治国的重点任务和主体工程。在我国，大约80%的法律、90%的地方性法规和几乎所有的行政法规的执法工作，都是由行政机关来承担的。近年来，我国法治政府建设全面提速，"放管服"改革纵深推进，严格规范公正文明执法水平普遍提高，各级政府依法行政能力明显增强，广大人民群众法治获得感越来越强。法治政府建设越深入，人民群众才能越满意。我们将在以前工作的基础上，采取更加有力的措施，全面建设职能科学、权责法定、执法严明、公开公正、智能高效、廉洁诚信、人民满意的法治政府。

在公正司法上，深化司法体制综合配套改革。春秋时期法家代表人物管仲有句名言："法者天下之仪也，所以决疑而明是非也，百姓所县命也。"公正司法是维护社会公平正义的最后一道防线，是维护人们安全感的重要屏障。随着我国社会主要矛盾的转化，人民群众对美好生活的需要更多地向民主、法

经验 分享

青海玛多"马背法庭"让群众感受法律温度

青海省果洛藏族自治州玛多县人民法院的工作人员骑马下乡入村，把法庭"搬"到了牧民的帐篷前，及时受理与群众生产生活相关的赡养、抚养、婚姻家庭纠纷、财产纠纷等案件，实行就地立案、就地审理的方式，方便群众诉讼。图为该县人民法院的"马背法庭"成员在下乡途中。

经验分享

海南保亭模拟法庭进校园

为进一步提升未成年学生法治意识，预防未成年人犯罪，海南省保亭黎族苗族自治县公检法部门联合教育局、妇联开展模拟法庭活动，走进辖区内学校，以现场模拟庭审案件、现场答疑等方式为在场师生带来生动鲜活的法律课。图为该县举办的"护苗青春助成长，法在身边护未来"模拟法庭活动。

治、公平、正义等维度延伸，从而对推进公正司法提出了新的更高要求。严格公正司法最重要的任务，就是继续把司法体制综合配套改革推向深入，全面准确落实司法责任制，加快建设公正高效权威的社会主义司法制度，努力让人民群众在每一个司法案件中感受到公平正义。

在全民守法上，加快建设法治社会。"一切法律中最重要的法律，既不是刻在大理石上，也不是刻在铜表上，而是铭刻在公民的内心里。"这句出自法国启蒙思想家卢梭的法谚，形象地说明了法律的权威源自人民内心的拥护和信仰。只有大力推进法治社会建设、增强全民法治观念，才能构筑法治国家的坚实基础。现在，我们正在实施"八五"普法规划，必须以此为抓手，深入开展法治宣传教育，弘扬社会主义法治精神，传承中华优秀传统法律文化，引导全体人民做社会主义法治的忠诚崇尚者、自觉遵守者、坚定捍卫者。

1912年，青年毛泽东在湖南全省高等中学校读书时的一篇作文《商鞅徙木立信论》中写道："法令者，代谋幸福之具也。"法治的兴衰，事关党和国家长治久安、事关人民幸福安康。新时代新征程上，法治中国建设的加速推进，必将为新时代中国全面走向现代化、亿万人民过上更加美好的生活保驾护航。

深度 阅读

1. 习近平：《坚持走中国特色社会主义法治道路　更好推进中国特色社会主义法治体系建设》，《求是》2022年第4期。

2. 习近平：《谱写新时代中国宪法实践新篇章——纪念现行宪法公布施行40周年》，《人民日报》2022年12月20日。

9 文脉国脉紧相连

——如何理解全面建设社会主义现代化
国家必须推进文化自信自强？

　　文化关乎国本、国运，文化兴则国运兴，文化强则民族强。中华民族具有百万年的人类史、一万年的文化史、五千多年的文明史。中华文明之所以历经数千年而绵延不绝、迭遭忧患而经久不衰，中华民族之所以一次次凤凰涅槃、浴火重生，一个很重要的原因就是博大精深、灿烂辉煌的中华文化具有强大的生命力、凝聚力、创造力。中华文化独一无二的理念、智慧、气度、神韵，丰富滋养了中国人民的精神世界，为中华民

族的发展壮大提供了有力精神支撑。

文化也是人类走向现代化的先声。回顾历史可以发现，人类现代化的进程，首先是从文化上出现端倪并取得突破的。近代以来，中华民族从生死危亡走向奋起复兴、中国从传统社会迈向现代社会的历程，也是中华文化焕发活力、重铸辉煌的历程。今天，中国正全面建设社会主义现代化国家，需要我们更好担负起新的文化使命，坚定文化自信、秉持开放包容、坚持守正创新，在新起点上继续推动文化繁荣、建设文化强国、建设中华民族现代文明，为推进和拓展中国式现代化注入强大精神力量。

◇ 文化自信自强塑国魂

"惟我国家，亘古亘今"。距今约 5000 年前，黄河流域飘起缕缕炊烟，那是中华民族的先民们燃起的文明火种，自此中华文明圣火千古未绝。2000 多年前，先秦时期出现了一个文化高峰，涌现出老子、孔子、墨子、孟子、庄子等一批思想大家，奠定了中华文明的基座。后历经汉唐，佛教传入中国并发扬光大，中华文明形成了儒释道融合发展的局面。宋明时期，经由朱熹、王阳明等大儒先贤的集成创新，中华文明进入一个新的阶段。回顾浩浩几千年的中华文明史，中华儿女始终葆有高度的文化自信，尽享泱泱文化大国的无上荣光。

2022 年度全国十大考古新发现

2023 年 3 月，国家文物局公布 "2022 年度全国十大考古新发现"。按遗址所处时代早晚排序分别是：1. 湖北十堰学堂梁子遗址；2. 山东临淄赵家徐姚遗址；3. 山西兴县碧村遗址；4. 河南偃师二里头都邑多网格式布局；5. 河南安阳殷墟商王陵及周边遗存；6. 陕西旬邑西头遗址；7. 贵州贵安新区大松山墓群；8. 吉林珲春古城村寺庙址；9. 河南开封州桥及附近汴河遗址；10. 浙江温州朔门古港遗址。左图为湖北十堰学堂梁子遗址发掘现场，右图为山东临淄赵家徐姚遗址出土文物。

但进入近代以后，在西方文明的强势挑战和反复冲击下，中华文明被蒙上了厚厚的阴霾，一度被视为 "现代文明的错误和拖累"，中国人的文化自信跌落到了谷底，救亡图存几经周折却始终找不到出路。直到马克思主义传入中国，直到中国共产党登上历史舞台，才激活了中华民族历经几千年创造的伟大文明，使中国人在精神上从被动转为主动，中国的现代化之路从此有了强大精神依托和文化支撑。

在新民主主义革命和社会主义建设时期，我们党团结带领人民在长期的浴血奋战和艰苦奋斗过程中，淬炼出具有丰富内涵的革命文化和社会主义先进文化，为中华文化注入了红色基因。经过持续不断的精神重塑，中国人民不仅在政治上站立起来了，更在文化和精神上挺立起来了。改革开放后，中国人民在物质生活上富裕起来了，精神文化生活也更加丰富了。然而，一段时间，面对西方文化的冲击和影响，一些人产生了崇洋媚外的心态，吹捧以西方为代表的所谓"蓝色文明"，总觉得"外国的月亮比中国圆"。从仰视到平视，从自卑到自信，这既是国家实力增强的过程，也是社会文化心理建构的过程。经过多年的努力，中国道路越走越宽广，中国的物质文明和精神文明得到大幅提升，中华民族以更加昂扬的姿态屹立于世界东方，极

特别 关注

北京昌平大运河源头遗址公园让文化遗产活起来

2023年4月8日，北京市昌平区大运河源头遗址公园正式对外开园。700多年前，元代科学家郭守敬引此处白浮泉作为大运河最北端水源，此地仍存都龙王庙、九龙池、"白浮之泉"碑亭等历史遗存，经修缮保护，园内白浮泉畔再现元明时期历史风貌，生动展示大运河文脉。图为大运河源头白浮泉和遗址公园远景。

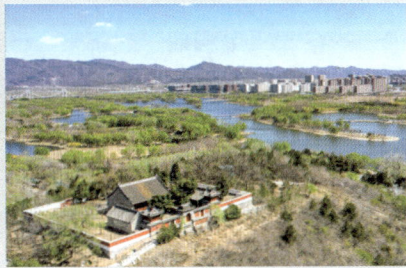

大增强了中国人民的自信心和自豪感。

特别是历经新时代十年的伟大变革，中国人民的历史主动精神、历史创造精神极大焕发，文化自信心显著增强，文化主体性得到极大巩固。习近平总书记指出："我们现在是距离中华民族文化复兴最近的一个时代。我们自信起来了。"看看今天的神州大地，中国人民精神抖擞、自信满怀，对马克思主义的信仰更加坚定，对中国文化、历史和传统由衷热爱和高度认同，对各种外来文化保持理性平和的态度，展现出更加昂扬的精神风貌、更加坚定的文化自信。

经验 分享

福建长汀让千年古城焕发新魅力

福建省龙岩市长汀县，史称汀州，是国家历史文化名城。汀州历史悠久、人文鼎盛，从唐代至清朝末年的1000多年间，长汀县城一直是州、郡、路、府的治所所在地，成为历代闽地政治、经济、文化的中心，是福建最大的客家人聚居地。近年来，长汀县着力抓好汀州古城保护与利用，通过出台古城保护条例和规划、打造历史文化街区、举办名城保护日系列活动等措施，持续打造"历史、客家、红色、生态"四位一体的文化品牌，实现了名城在保护中利用、在利用中保护的双赢局面。走进汀州古城，古街古巷、古风古韵扑面而来，让人沉醉其中、流连忘返。图为美轮美奂的汀州古城夜景。

文化是在一代代人的头脑中搞建设，不是一朝一夕能够完成的，而是一个久久为功、绵绵用力的长期过程。推进文化自信自强，将贯穿全面建设社会主义现代化国家的始终，伴随中华民族伟大复兴的整个历史进程。

◇ 文化强国建设铸辉煌

文化建设与经济建设同为社会的创造性活动，二者有共通的地方，但文化建设作为精神生产有其独特的规律性，这就需要我们以正确的态度、科学的方式来推进。西方谚语之所以说"罗马城不是一天建起来的"，就是因为气势恢宏的城市建筑可以短期内建成，但令人叹为观止的文化艺术则需要一个长时间精益求精的创造过程。文化是时间和心灵酿造出来的，只有经过时间的沉淀、文心的雕琢，才能铸就浸润心灵的恒久魅力。

建设社会主义文化强国，是全面建设社会主义现代化国家的重要组成部分。我国有着悠久深厚的中华优秀传统文化、激昂向上的革命文化和生机勃勃的社会主义先进文化，为我们建设文化强国提供了丰厚底蕴、奠定了坚实根基。党的二十大以强烈的文化使命感，对推进文化自信自强，铸就社会主义文化新辉煌作出部署，强调要坚持中国特色社会主义文化发展道路，增强文化自信，围绕举旗帜、聚民心、育新

陕西西安大唐芙蓉园成为文化旅游"打卡地"

大唐芙蓉园，位于陕西省西安市雁塔区大雁塔东南侧，是仿照唐代皇家园林式样建造的，是中国第一个全方位展示盛唐风貌的大型皇家园林式文化主题公园。通过科技与历史文化的融合，唐风国韵在此散发经久不衰的艺术魅力，漫步其间便可以自然而然地领略盛唐文化，感受恢宏的皇家气势，美丽的景观和独特的魅力让人流连忘返。图为游人在大唐芙蓉园打卡拍照。

人、兴文化、展形象建设社会主义文化强国，增强实现中华民族伟大复兴的精神力量。

主流价值固本培元。任何一个国家、一个社会都存在多种多样的价值取向，要把全社会的意志和力量凝聚起来，必须有一套与经济基础和政治制度相适应并能广泛形成社会共识的主流价值理念、主流意识形态。否则，国家就没有赖以维系的精神纽带，社会就会失去凝聚力。马克思主义是我们立党立国、兴党兴国的根本指导思想，是我国主流价值理念的核心和灵魂。社会主义核心价值观把涉及国家、社会、公民的价值要求融为一体，对于巩固社会主义制度、推进国家繁荣发展、维系社会和谐稳定具有重要作用。我们弘扬主流价值理念最重要的任务，就是要通过持续不断的努力，巩固马克思主义在意识形态领域的指导地位、巩固全党全国人民团结奋斗的共同思想基础，更好构筑中国精神、中国价值、中国力量。

文明风尚立德树人。社会文明程度是一个社会心理状态、道德规范、精神面貌、文化水平等方面的综合体现，是衡量一个国家现代化水平的显著标志。提升全社会文明程度，既需要教育引导又依靠实践推动，既需要榜样示范又依靠自我养成，既需要道德教化又依靠法律约束，最终达到内化于心、外化于行的效果，使人们在"日学而不察、日用而不觉"中自然而然地提升道德水平、文明素养和精神境界。近些年来，在全社会广泛开展的精神文明创建活动、家庭家教家风建设、志愿服务活动等，都有力促进了社会文明程度的提高。

经验分享

山东青岛志愿者服务"微尘"彰显大爱

"微尘"是 2004 年山东省青岛市一对夫妇在给印度洋海啸灾区捐款时留下的化名。此后"微尘"逐渐成为彰显青岛市民爱心的精神符号和公益品牌。十几年来，青岛"微尘"开展了大病救助、微尘阳光少年、大学生助学、博爱小学等几十项公益项目，在救灾救助中总有它的身影，彰显了无言的奉献精神，体现着凡人大爱的志愿服务精神。图为"微尘"志愿者组织社会捐款。

文化繁荣滋润人心。"观乎天文，以察时变；观乎人文，以化成天下。"繁荣发展文化事业和文化产业，是满足人民精神文化需求、保障人民文化权益的基本途径，也是增强人民精神力量、促进人的全面发展的必然要求。文艺是民族精神的火炬，是时代前进的号角，必须坚持以人民为中心的创作导向，努力创作生产更多传播当代中国价值观念、体现中华文化精神、反映中国人审美追求，思想性、艺术性、观赏性有机统一的作品。要推进城乡公共文化服务体系一体化建设，健全现代公共文化服务体系，创新实施文化惠民工程，充分保障人民的文化权益。坚持把社会效益放在首位、社会效益和经济效益相统一，不断扩大优质文化产品供给，促进形成文化产业发展新格局，更好满足人民文化需求。阅读是最基本的文化建设，要

经验分享

广东惠州惠阳持续打造"百姓欢乐舞台"群众性文化活动品牌

广东省惠州市惠阳区"百姓欢乐舞台"是以群众需求为导向，以群众自编自演、自娱自乐、自我服务、自我教育为宗旨的群众性文化品牌活动。自2015年6月启动以来，"百姓欢乐舞台"围绕主题开展各类活动1900余场次，服务观众超150万人次，成为惠阳区深入实施乡村振兴战略、丰富群众文化活动的重要品牌。图为"百姓欢乐舞台"文艺汇演演员合影。

特别 ◎ 关注

全民阅读活动

从 2006 年开始，在中央有关部门的共同倡导下，全民阅读活动在全国各地蓬勃开展，活动规模不断扩大，内容不断充实，方式不断创新，影响日益扩大。2022 年、2023 年的 4 月 23 日世界读书日，分别在北京、杭州召开了第一、二届全民阅读大会，

使全民阅读活动更加广泛深入地开展，推动全社会积极主动地参与到阅读中来，形成爱读书、读好书、善读书的浓厚氛围。图为第一届全民阅读大会"书香北京"案例分享活动。

深化全民阅读活动，加快构建覆盖城乡的全民阅读推广服务体系，大力营造爱读书、读好书、善读书的浓厚氛围，让人们在阅读中得到思想启发、滋养浩然之气，让中华民族的精神世界更加厚重深邃。

汉代《淮南子》有言，"万物有所生，而独知守其根"。中华优秀传统文化是中华文明的智慧结晶和精华所在，凝结着中国人看待世界、看待社会、看待人生的独特价值体系、文化内涵和精神品质，是中华民族的根和魂。我们生而为中国人，就是因为我们有着独特的精神世界，有着自己特有的思维方式和处世之道。中华优秀传统文化的很多重要元素，比如天下为公、天下大同的社会理想，民为邦本、为政以德的治理思

四川剑阁文化绘就乡村底色

"村里家家户户墙上白一片、灰一片，还有的被各种'牛皮癣'小广告占据，看起来很不美观。"这是人们对以前农村村貌常有的印象。近年来，四川省广元市剑阁县围绕环境保护、婚丧嫁娶、勤俭节约、美化庭院、睦邻友爱、家庭和谐等内容，持续打造新颖、多彩、"会说话"的乡村居民房文化墙，实现了出门见墙画、抬头看墙画、生活学墙画，全面提升了村容村貌。别具一格的文化村庄，让群众在文化熏陶中产生共鸣，于无声处向人们传递着正能量和主流文化精神。图为该县内容丰富的居民房文化墙。

想，九州共贯、多元一体的大一统传统，修齐治平、兴亡有责的家国情怀，厚德载物、明德弘道的精神追求，富民厚生、义利兼顾的经济伦理，天人合一、万物并育的生态理念，实事求是、知行合一的哲学思想，执两用中、守中致和的思维方法，讲信修睦、亲仁善邻的交往之道等，传承千年仍具有强大的生命力，今天依然闪耀着智慧的光芒，给人以深刻的启迪。对历史的最好继承，就是创造新的历史。传承发展中华优秀传统文化，最重要的就是推动其创造性转化、创新性发展。要坚持马克思主义的立场观点方法，坚持古为今用、推陈出新，对那些至今仍有借鉴价值的内涵和陈旧的表现形式加以改造，对中华优秀传统文化的内涵加以补充、拓展、完善，使中华民族最基本的文化基因同当代中国相适应、同现代社会相协调、同现实文化相融通，把富有永恒魅力、具有当代价值的文化精神弘扬起来。

文化遗产承载灿烂文明，传承历史文化，维系民族精神，不仅属于我们这一代人，也属于子孙万代。党的十八大以来，以习近平同志为核心的党中央从留住文化根脉、守住民族之魂的战略高度出发，把历史文化遗产保护利用工作摆到突出位置，推动文物保护利用和文化遗产保护传承工作得到全面加强。保护好、传承好文化遗产，功在当代、利在千秋，是建设社会主义文化强国的应有之义，也是我们这一代人的历史责任和文化使命。党的二十大强调要加大文物和文化遗产保护力度，加强城乡建设中历史文化保护传承。我们要秉持一颗敬畏之心，敬畏历史、敬畏文化，坚持把保护放在第一位，像爱惜自己的生命一样保护好文化遗产，守护好前人留给我们的宝贵财富。

◇ 文明交流互鉴显魅力

文明的创造和交流是人类文明形成、发展和演变的两大主要活动。不同地域不同国家不同民族的人们，根据各自的需要和条件，创造了各具特色的文明形态。与此同时，伴随

特别 ⊙ 关注

孔子学院

孔子学院是中外合作建立的非营利性教育机构，旨在帮助世界各地的人们更好地了解中国文化和语言。自2004年在韩国首尔挂牌第一所孔子学院以来，截至2023年7月，中国已在154个国家（地区）建立552所孔子学院，累计为数千万各国学员学习中文、了解中国文化提供服务，在推动国际中文教育发展方面发挥了重要作用，成为世界认识中国的一个重要平台。图为2023年端午节孔子学院的学生举行绘画龙舟活动。

着人口迁徙、商贸往来、宗教传播等活动，不同的文明超越地域进行大范围交流融合，构成了人类文明波澜壮阔的发展图谱。

每一种文明都有它的不同之处、独到之处，都是一个国家和民族的集体记忆，都是生活在那里的人们宇宙观、世界观、人生观、价值观的集中体现。无论是东亚的中华文明还是南亚的古印度文明，无论是尼罗河流域的古埃及文明还是两河流域的美索不达米亚文明，无论是欧洲的古希腊文明还是美洲的玛雅文明，无论是西方的基督教文明还是中东的伊斯兰文明……都是人类文明长河中熠熠生辉的精神瑰宝。

文明因交流而多彩，文明因互鉴而丰富。世界是一个文明的百花园，一花独放不是春，百花齐放春满园。中国古人讲

"物之不齐，物之情也"，这是万事万物存在的特征，也是文明应有的面貌。文明互鉴是文明发展的本质要求，是保持文明旺盛生命力的必由之路。只有以平等包容的态度推动文明的交流互鉴，才能使不同文明取长补短、美美与共，最大限度地丰富人类文明的多样性，让不同地方的人们共享人类文明的发展成果。

中华文明经历了 5000 多年的历史变迁，但始终一脉相承，具有突出的连续性、创新性、统一性、包容性、和平性，是中华民族独特的精神标识，是中华民族生生不息发展壮大的丰厚滋养。中华文明是在中国大地上产生的文明，也是在同其他文明不断交流互鉴中形成的文明。中华文明的博大气象，就得益

经验分享

甘肃敦煌续写丝路文化交流互鉴新篇章

敦者，大也；煌者，盛也。身居沙漠绿洲、地处丝路咽喉的甘肃省敦煌市，历史上曾是东西方贸易文化交流融汇的必经之地，以得天独厚的文化宝藏，传承千年文脉，记录丝路发展，见证东西方文明的交融。近年来，敦煌坚持多样共存、互鉴共进、合作共享，成功举办 5 届丝绸之路（敦煌）国际文化博览会，创新开展"敦煌文化环球连线"等活动，进一步加强同丝绸之路沿线各国文化交流，不断提升国际影响力和对外感召力。图为第五届丝绸之路（敦煌）国际文化博览会现场。

相关链接

伊儒会通

"伊儒会通"又称回儒会通，是指伊斯兰文化与儒家文化交流、沟通与融合等，内容涵盖哲学、道德修养和习俗等诸领域。明清时期，一批精通儒释道经典的伊斯兰学者将伊斯兰文化同以儒家文化为代表的中国传统文化相结合，在保持伊斯兰教本质特性的基础上，融合儒家文化的一些内涵，对促进伊斯兰教中国化产生了深远的影响。

于中华文化自古以来开放的姿态、包容的胸怀。从历史上的张骞出使西域、佛教东传、郑和七下远洋、"伊儒会通"，到近代以来的"西学东渐"、新文化运动、马克思主义和社会主义思想传入中国，再到改革开放以来全方位对外开放，中华文明始终在兼收并蓄中历久弥新。

在当今世界文明的交流互鉴中，中华文明以其独特而丰富的思想观念、人文精神、道德规范，为推动人类现代化进程贡献着自己的智慧和力量。在过去数百年西方文明主导的现代化进程中，物质主义、霸凌主义、殖民主义、极端利己主义等价值被逐渐放大，犹如脱缰的野马难以驾驭，给世界现代化的发展带来了种种危机，埋下了深深隐患。引领人类走出困境，中华文明有这样的特质，也有这样的责任。正如西方学者汤因比所预言的那样，人类的未来在东方，中华文明会成为世界的引领。

当然，中华文明的对外交流互鉴，既不是搞文化输出，也不是要输出中国的价值理念、制度模式、发展道路，更不是要搞文化霸权，想改造谁、控制谁，而是作为文明多样性中的一种走向世界的。在这个过程中，我们不去强加于人、强人从己，只是提供一种新的借鉴、一种新的选择，在文明的交流互鉴中彰显中华文明的力量。中华文明的开放性，也要求我们向其他文明学习，不断地完善自己，使我们的文明更具活力、更加强大。

文化贯通着过往和当下，连接着自身和外界，具有跨越时空的力量，承载着一个国家、一个民族的历史命运和殷殷期许。在走向全面现代化的历史进程中，14亿多中国人民的文化自信自强，是我们推进强国建设、民族复兴的强大精神支撑，也必将给世界和平发展、共同繁荣注入更多正能量。

深度阅读

1. 习近平：《把中国文明历史研究引向深入 增强历史自觉坚定文化自信》，《求是》2022年第14期。

2.《习近平在文化传承发展座谈会上强调 担负起新的文化使命 努力建设中华民族现代文明》，《人民日报》2023年6月3日。

10 治国有常**民为本**

——如何理解实现人民对美好生活的向往
是现代化建设的出发点和落脚点？

悠悠万事，民生为大。过上富足殷实的生活，一直是中国人民千百年来孜孜以求的美好梦想。无论是《尚书》的"敬德保民"还是《诗经》的"汔可小康"，无论是孔子推崇的"仁政"思想还是孟子倡导的"民本"理念，都包含着对人民美好生活的朴素愿望。但在中国 2000 多年的封建社会里，统治者对解决民生问题既缺乏主观能动，也不具备客观条件，大多数

时候人们生活都处在困顿的境地。中国共产党领导人民建立新中国、走上社会主义道路后，中国人民的生活才发生了质的改变，随着现代化建设的步伐不断迈上新台阶。

人民对美好生活的向往是中国共产党的奋斗目标，是中国式现代化最根本的价值追求。经过长期不懈的努力，中国人民的生活犹如芝麻开花节节高，实现了从温饱不足到总体小康、再到全面小康的历史性跨越。现在，我们踏上了全面建设社会主义现代化国家新征程，人民对美好生活有了更高的期待和憧憬。党的二十大坚持以人民为中心的发展思想，对增进人民福祉、提高人民生活品质作出一系列高含金量的政策安排，努力让现代化建设成果更多更好惠及全体人民。

◇ 江山就是人民　人民就是江山

为了谁、依靠谁的问题，是区分唯物史观和唯心史观的分水岭，也是判断马克思主义政党的试金石。历史唯物主义深刻批判过去思想家错误的群众观点，高度肯定人民群众在历史创造中的主体作用，为马克思主义政党推进社会革命指明了依靠力量。我们党来自人民、植根人民，所有的奋斗都是为了人民、造福人民。正如习近平总书记所指出的："中国共产党领导人民打江山、守江山，守的是人民的心。"

中国共产党天然是同人民联系在一起的，就像鱼和水、种子和土壤的关系一样，须臾不可分离，党与人民一体同心、休戚与共、生死相依。中国共产党作为中国工人阶级的先锋队，同时作为中国人民和中华民族的先锋队，根本宗旨就是全心全意为人民服务，党的初心使命就是为中国人民谋幸福、为中华民族谋复兴。所以说，我们党是人民的党，党除了国家、民族、人民的利益，没有任何自己的特殊利益，从来不代表任何利益集团、任何权势团体、任何特权阶层的利益。正所谓，不谋私利才能善谋大利，大公无私才能大道直行。

◆◆ 翻身得解放的农民分田分地

◆◆ 农民庆祝土地改革法颁布

◆◆ 安徽小岗村"大包干"带头人

纵观历史，我们党干革命、搞建设、抓改革，都是以人民利益为根本考量，都是为了让人民过上好日子。战争年代，党领导人民打倒列强除军阀、打土豪分田地、抗击日本侵略者、推翻蒋家王朝的腐朽统治，都是为了让人民获得解放，走上谋求幸福生活的新道路；新中国成立后，党领导人民在一穷二白的基础上重整山河，进行大规模的社会主义建设，也是为了改变人民贫穷落后的状况；进入新时期，党领导人民实行改革开放，推进社会主义现代化建设，同样是为了让人民尽快富裕起来。

党的十八大以来，以习近平同志为核心的党中央把让人民群众过上更加美好的生活作为治国理政的头等大事，注重加强普惠性、基础性、兜底性民生建设，着力解决人民群众急难愁盼问题，不断增强人民群众的获得感、幸福感、安全

特别 关注

四川昭觉"悬崖村"村民下山上楼过上新生活

阿土列尔村，是四川省凉山彝族自治州昭觉县的一个村庄。村民曾经住在悬崖之上，上山和下山全凭悬梯，攀爬落差达 800 米的山崖，被称为"悬崖村"。2020 年 5 月，"悬崖村"84 户建档立卡贫困户共计 344 人告别了大山和钢梯，整体搬迁到昭觉县城，住进了新楼房，过上了与城里人一样的新生活。图为通往"悬崖村"的钢梯和搬迁后的美丽社区。

宁夏中卫特色民宿成为热门旅游目的地

　　近年来，宁夏回族自治区着力打造特色旅游，大力发展旅游民宿经济，培育了一批极具西北特色的旅游民宿。位于宁夏中卫市的沙漠星星酒店、黄河·宿集、金沙海火车主题民宿、黄河小院民宿、黄羊古落民宿、丰安屯"枣"主题民宿等形态多样的民宿，让游客融入美景，体验地域风情，是游客向往的慢节奏"远方"，成为游客旅途中的心灵驿站。2023年五一期间，宁夏中卫上榜全国民宿预订热门城市第一名。图为该市的一家特色民宿。

　　感。习近平总书记指出："民之所忧，我必念之；民之所盼，我必行之。"正是秉持这样的理念，我们党为增进人民福祉行之笃之。比如，我们党以坚定的决心、精准的思路、有力的措施，组织实施人类历史上规模最大、力度最强的脱贫攻坚战，让近1亿农村贫困人口摆脱贫困，使中华民族历史性地解决了绝对贫困问题，在中华大地上全面建成小康社会；坚持人民至上、生命至上，科学有效抗击新冠疫情，保护了人民群众生命安全和身体健康，高效统筹疫情防控和经济社会发展，取得疫情防控重大决定性胜利，创造了人类文明史上人口大国成功走出疫情大流行的奇迹；大力解决住房保障、教育公平、生态环境、司法公正、资本无序扩张、文娱乱象等人们普遍关注的问题，幼有所育、学有所教、劳有所得、病有所医、老有所养、住有所居、弱有所扶得到更好实现，人民安居乐业、社会安定有序的良好局面不断巩固发展，人民对美好生活的向往不断变为现实。这些都在新时代刻下了深深的印记，生动彰显了中国共产党人初心不改、大道不移的为民情怀。

回顾党的奋斗历程，"人民"二字深深融入党的血脉，内化为中国共产党薪火相传、不可磨灭的精神基因，熔铸成中国共产党永不褪变、永不消逝的鲜亮底色。百年来，不管是战火纷飞的革命年代，还是岁月静好的和平时期，党始终坚持人民至上，一切为了人民、一切依靠人民，这一根本立场从来没有改变过、动摇过、迟疑过。

◇ 提高人民生活品质

今天，中国人民已经全面过上了小康生活，缺吃少穿、物质匮乏的时代一去不复返了。即使在偏远的山区农村，"两不愁三保障"都已成了最基本的配置，普通家庭拥有小楼房、小汽车也不算什么稀罕事。2022 年，全国居民恩格尔系数为 30.5%，其中城镇是 29.5%，农村是 33.0%，总体上属于相对富裕状态。但也要看到，随着我国经济发展水平的不断提高，人民对生活品质的要求也越来越高，已经从追求"有没有"转向更加注重"好不好"。

增进民生福祉是发展的根本目的。党的二十大把握我国经济发展的长期向好趋势，顺应人民对美好生活的更高期待，提出坚持在发展中保障和改善民生，坚持尽力而为、量力而行，采取更多惠民生、暖民心举措，着力解决好人民群众最直接最关心最现实的利益问题，健全基本公共服务体系，提高公共服务水平，增强均衡性和可及性，为人们提供更满意的收入、更稳定的工作、更可靠的社会保障、更高水平的医疗卫生服务。

收入分配是民生之源。一般认为，收入分配结构有橄榄型、金字塔型、哑铃型和倒丁字型等，其中"中等收入群体占

相关链接

收入分配结构的 4 种模型

1. 橄榄型，表现为"中间大、两头小"，中等收入群体占比最多，低收入和高收入群体均占少数。

2. 金字塔型，表现为"底座庞大、塔尖细小"，其收入分配特点是高收入群体、中等收入群体和低收入群体的规模依次变大。

3. 哑铃型，表现为"两头大、中间细长"，其收入分配特点是中等收入群体较少，高收入群体和低收入群体均占比较高。

4. 倒丁字型，表现为高收入和中等收入群体较少，低收入群体数量庞大。

经验分享

江苏多措并举助力大学生就业

为精准帮助大学生就业，2023 年以来，江苏省聚焦高质量就业目标，探索建立就业友好型现代化产业体系，千方百计挖掘岗位资源，做实做细就业指导服务，多形式开展政策宣讲，高频次举办招聘活动，全力以赴帮助高校毕业生顺利就业、尽早就业。图为 2023 年昆山万名大学生大招聘活动。

多数、低收入和高收入群体占少数"的橄榄型，被认为是一种比较理想的收入分配结构。目前，我国中等收入群体规模超过 4 亿，占全国总人口的比重为 30% 多，低收入群体的比重仍然较大。完善分配制度，必须重点围绕"提低""扩中"的任务，构建科学合理的分配格局，完善按要素分配政策制度，规范收入分配秩序，更好体现社会主义公平原则，更好激发社会发展动力活力。

"饭碗是天大的事"。就业是最大的民生工程、民心工程、根基工程，既是经济的"晴雨表"，也是民生的"温度计"、社会的"稳定器"。近年来，我国每年城镇新增就业人数超过 1100 万，2021 年和 2022 年均超过 1200 万，分别为 1269 万人、1206 万人。从 2023 年上半年的情况看，需在城镇就业的新成长劳动力人数仍在增加，仅高校毕业生就达到 1158 万人，规模和增量均创历史新高。除就业总量上的压力外，还存在就业结构性矛盾突出等问题，稳就业仍面临不少挑战。保持就业形势的持续平稳，必须按照党的二十大的要求，实施就业优先战略，落地落实促进就业的各项相关政策，稳住就业基本盘，努力让更多劳动者获得工作岗位。

社会保障被人们形象地称为"人民生活的安全网"，是社会公平和社会进步的一个重要标志。从全世界社会保障发展的历史看，完备的社会保障体系是现代化国家的"标配"。目前，我国已建成世界上覆盖人口规模最大、功能完备的社会保障体系，基本养老保险覆盖 10.5 亿人，基本医疗保险参保率稳定在 95% 以上，社会保障扩面取得了显著成效。但不容忽视的是，社会保障面临着一些新挑战，比如我国社会出现

经验分享

重庆建设保障性住房托起群众安居梦

保障性住房是一项民生工程，更是民心工程。近年来，重庆市持续加大保障性住房建设力度，加快构建以公租房、保障性租赁住房、共有产权住房为主体的住房保障体系。截至 2023 年 1 月，重庆建成保障性住房共计 140 万套，保障人数约 337.5 万人，其中中低收入群体约 140 万人。图为该市沙坪坝区康居西城公租房小区。

的老龄化、少子化、就业多样化等问题，都需要妥善应对。我们必须按照中国式现代化对社会保障体系提出的更高要求，全面实施全民参保计划，提高社会保障统筹层次，持续深化各项重点制度改革，不断健全覆盖全民、统筹城乡、公平统一、安全规范、可持续的多层次社会保障体系。

相关链接

少子化

少子化，是指生育率下降，婴儿出生减少，无法保持现有的人口数量的现象。如果新一代人口增加的速度远低于上一代自然死亡的速度，会造成人口不足，对于社会结构、经济发展等各方面都会产生重大影响。所以少子化是许多国家特别是发达国家非常关心的问题。

俗话说，"健康是福"。人民健康是民族昌盛和国家强盛的重要标志，也是与每个人幸福生活息息相关的重大事情。近年来，随着健康中国战略的深入实施，我国卫生健康事业取得长足发展，人民健康水平显著提高，人均预期寿命增长到78.2岁，孕产妇死亡率下降到15.7/10万，婴儿死亡率下降到4.9‰。推进健康中国建设，必须把保障人民健康放在优先发展的战略位置，完善人民健康促进政策，优化人口发展战略，实施积极应对人口老龄化国家战略，深化医药卫生体制改革，全面建立中国特色基本医疗卫生制度、医疗保障制度和优质高效的医疗卫生服务体系，为人民群众提供全方位全周期的健康服务。

山西太原医养结合呵护"夕阳红"

医疗机构不能养老，养老机构不能看病，医养"两张皮"长期以来制约着老年健康事业的发展。近年来，山西省太原市按照"政府主导、部门联动、社会参与、资源共享"的总体思路，把医养结合纳入全面深化改革和重点民生事项统筹推进，不断推动全市医疗资源和养老资源融合互助。截至 2022 年年底，全市 65 岁以上老年人家庭医生签约率达 84.2%，67.7% 的 65 岁以上老年人享受到健康管理服务。图为太原安定医院与敬老院签订医养结合协议。

◇ 扎实推进共同富裕

共同富裕是中国特色社会主义的本质要求，是中国式现代化的重要特征。今天我们党之所以突出强调共同富裕，既是由党的性质宗旨和我国社会主义制度决定的，也是经济社会发展的现实需要。现在，我们大力推进和拓展中国式现代化，已经到了扎实推进共同富裕的历史阶段。习近平总书记指出："我们不能等实现了现代化再来解决共同富裕问题，而是要始终把满足人民对美好生活的新期待作为发展的出发点和落脚点，在实现现代化过程中不断地、逐步地解决好这个问题。"

从世界范围来看，共同富裕与现代化水平有一定关系，但并不完全是正相关的。对于广大发展中国家来说，经济还没有发展起来，抛开别的因素不说，实现共同富裕必要的物质基础还不具备。再看看发达资本主义国家，尽管它们的现代化程度高，但"富而不公"的现象仍普遍存在，甚至有的国家越发展贫富差距越大。因此，在现代化进程中实现共同富裕，既需要丰厚的物质条件，也需要先进的社会制度。

共同富裕还是一个动态变化的过程。这种动态性主要体现在两个方面：第一，不是所有人同步富裕、同时富裕，而是有一个先富和后富的关系问题，允许一部分人、一部分地区先富起来，以先富带后富、帮后富，最终实现共同富裕；第二，这

经验分享

浙江高质量发展建设共同富裕示范区

2021年5月，党中央赋予浙江省高质量发展建设共同富裕示范区的新使命，为全国推动共同富裕提供省域范例。两年多来，浙江推动示范区建设实现良好开局，形成了一批可复制可推广的经验做法。比如，"亩均论英雄"、数字经济"一号工程"、"共富工坊"、山海协作、"两进两回"行动、医共体建设、掌上办事……在破解地区差距、城乡差距、收入差距问题等方面取得明显进展。图为浙江省淳安县创新探索"大下姜"乡村振兴联合体共富模式，打造以红高粱为主题的精品农业园。

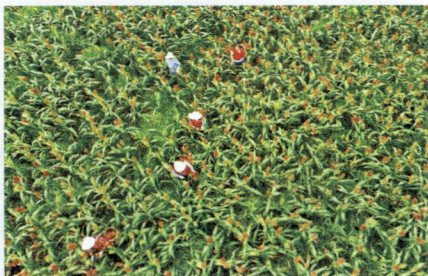

种共同富裕的状态也不是静止不变的，而是随着经济社会条件的变化而发生变化，这就需要通过正确的价值导向和合理的制度安排，推动共同富裕向更高水平迈进。

对于我们这样一个人口众多、发展不平衡的大国来说，实现共同富裕是一项艰巨而复杂的战略任务。在推进中国式现代化的过程中，我们党对实现共同富裕有着明确的路径规划和制度安排。首先，大力推动高质量发展，不断提高经济实力和综合国力，进一步做大"蛋糕"，为实现全体人民共同富裕打下坚实的物质基础。与此同时，通过合理的制度安排分好"蛋糕"，使社会财富的流向兼顾效率和公平，既保证共同富裕取得实质性进展，又充分激发推动经济社会发展的动力。因此，

特别 关注

贵州黔西鸭池河上的 7 座桥让天堑变通途

鸭池河位于贵州省中部，大河奔腾于崇山峻岭间，河谷深切，水流湍急，处处峡谷天险。1958年，黔西县与清镇市交界处的鸭池河上（清毕公路）建成第一座现代化桥梁——鸭池河桥，结束了鸭池河两岸靠木船摆渡的历史。此后的 60 余年间，鸭池河黔西段先后架起了 7 座大型现代化桥梁。昔日大河阻隔，今朝天堑变通途，7 座现代化桥梁见证了鸭池河黔西段交通的变迁，也见证着贵州大地翻天覆地的变化。图为 2019 年建成通车的成贵高铁鸭池河特大桥。

共同富裕是一个长期的历史过程，等不得也急不得，需要保持历史耐心，坚持稳中求进、循序渐进、持续推进，根据现有条件把能做的事情尽量做起来，积小胜为大胜，积跬步至千里，朝着全体人民共同富裕的目标不断奋进。

现代化的本质是人的现代化，最终目标是实现人的自由而全面的发展。中国共产党始终锚定人民对美好生活向往的奋斗目标，坚持发展为了人民，发展依靠人民，创造以人民为中心的现代化新道路，最大限度让全体人民共享现代化建设成果。

深度阅读

1. 习近平：《促进我国社会保障事业高质量发展、可持续发展》，《求是》2022年第8期。

2.《中共中央政治局常务委员会召开会议　听取近期新冠疫情防控工作情况汇报　中共中央总书记习近平主持会议》，《人民日报》2023年2月17日。

11 青山作伴水为邻
——如何理解尊重自然、顺应自然、保护自然是全面建设社会主义现代化国家的内在要求?

　　大自然是人类赖以生存发展的基本条件。从人类漫长的进化史看,人来自于自然,在认识、利用和改造自然的过程中不断演化,成为自然界中唯一能够创造文明的智慧生命。人是自然的一部分,总体上必须遵循自然规律,但人有主观能动性,顺应自然就能更好促进人类发展,违背自然就会遭到反噬和报

◆◆ 浙江安吉余村

复。进入现代化以后，人类凭借科技的力量大大提高了利用和改造自然的能力，创造了空前的文明成果，但一度无节制的开发和掠夺造成了严重的生态环境创伤，吞下了破坏自然的恶果。历史和现实表明，只有正确处理人与自然关系的现代化，才是人类文明可持续发展的现代化。

建设美丽中国，是中华民族功在当代、利在千秋的根本大计，是全面建设社会主义现代化国家的重要目标。党的十八大以来，我们党以史无前例的力度加强生态环境保护，开展了一系列开创性工作，决心之大、力度之大、成效之大前所未有，生态文明建设从理论到实践都发生了历史性、转折性、全局性变化，美丽中国建设迈出重大步伐。面向未来，中国在继续推进现代化的征途上，不仅不会走"先污染后治理"的老路，更不会走"你污染我获利"的病态之路，而是走一条绿色发展的新路，同时致力于推动世界可持续发展，解决好工业文明带来的问题，为保护地球家园提供中国智慧、展现大国担当。

◇ 人与自然和谐共生

　　自然孕育了所有的生命和物种，为人类文明的产生和发展提供了基本条件，是生命之母、文明之基。人类善待自然就会获得自然的馈赠，促进文明的发展，反之就会受到自然的惩罚，甚至使文明成果毁于一旦。比如，在古巴比伦文明中，传说曾经创造过"空中花园"这样令人叹为观止的奇迹，成为古代文明中熠熠生辉的标识性建筑。但后来生态环境的破坏导致古巴比伦文明

相关链接

空中花园

　　空中花园，又称悬苑，是古代世界七大奇迹之一。传说是公元前6世纪由新巴比伦王国的尼布甲尼撒二世在巴比伦城附近修建。据说空中花园采用立体造园手法，将花园放在4层平台之上，用沥青及砖块建成，平台由25米高的柱子支撑，并且有灌溉系统，园中种植各种花草树木，远看犹如花园悬在半空中，由此得名空中花园。

特别关注

第27届联合国气候变化大会在埃及沙姆沙伊赫召开

2022年11月6日至18日，第27届联合国气候变化大会（COP27）在埃及沙姆沙伊赫召开，190多个国家的代表、区域和国际组织的代表及各界人士约4万人齐聚一堂，讨论如何减缓气候变化并帮助那些已经受到影响的人。中方代表团表示，中国将与各方一道按照公开透明、广泛参与、协商一致、缔约方驱动的原则，共同推动COP27取得成功，为构建公平合理、合作共赢的全球气候治理体系贡献智慧和力量。图为第27届联合国气候变化大会现场。

的衰落，"空中花园"也最终湮没在漫漫黄沙之中。人与自然是生命共同体，保护自然就是保护人类的生命源泉。

人类文明史可以说是一部人与自然的关系史。原始文明时期，人类靠简单的采集渔猎生活，完全依附于自然获得生存条件；农业文明时期，人类开始利用自然，依靠农耕、畜牧等方式，获得相对稳定的生产生活资料，以支撑自身发展；工业文明时期，人类凭借科技的力量大规模开发和改造自然，一度试图凌驾于自然之上，在攫取大量物质财富的同时，也带来了一系列的生态环境问题。从历史中可以看出，相对于自然，人类的力量逐渐从弱变强，人与自然的关系呈现出一种平衡与不平衡动态变化的状态。

内蒙古巴彦淖尔让浩瀚大漠变身"绿色宝藏"

荒漠化，被称为"地球的癌症"，荒漠化治理是摆在人类面前的一项世界性难题。近年来，内蒙古自治区巴彦淖尔市在推进乌兰布和沙漠综合治理工作中，将生态治理、产业振兴和民生改善相结合，通过人工造林种草、工程固沙等方式防沙治沙，建立国家级沙化土地封禁保护区、国家沙漠公园，发展光伏治沙、沙漠葡萄种植、有机牧草种植、有机奶牛养殖、沙漠旅游等特色沙产业，有效地遏制了沙漠东侵，切断了沙漠的输沙通道，实现了从"沙进人退"到"绿进沙退"再到"人沙和谐"的转变，昔日黄沙漫卷、荒无人烟的茫茫沙海为葱葱郁郁、生机勃勃的绿洲所取代。图为该市临河区国营新华林场。

随着人类现代化的推进，人与自然深层次矛盾越来越突出，甚至越来越激烈。恩格斯指出，人类可以通过改变自然来使自然界为自己的目的服务，来支配自然界，但我们每走一步都要记住，人类统治自然界决不是站在自然界之外的。从目前西方主要发达国家采取的路径看，他们享受着现代化带来的优渥生活，却把现代化带来的环境恶果转嫁到其他国家，使地球的整体生态环境逐渐变差。2022年，全球遭遇了极端性的气候变化，欧洲、亚洲、美洲等地均出现了破纪录的高温天气，有的地方甚至达到了50℃以上的高温。有专家分析，这与近些年温室气体排放增多、全球气候变暖有密切关系。从人类未来发展趋势看，全球超 80 亿人口要进入现代化，如若都按照西方现代化的模式，将大大超出地球生态环境的承载能力。因此，必须跳出西方现代化的老路，找到一条人类整体走向现代化的新路。只有这样才能实现人与自然在全球范围内的和谐共生。

中国式现代化着眼解决中国现代化建设过程中的生态环境问题，同时也为人类解决工业文明带来的人与自然紧张关系问题贡献力量。中国在推进现代化建设的过程中，把生态文明建设融入经济、政治、文化、社会建设的全过程，大力推动绿色、低碳、循环发展，最大限度减少资源消耗和环境破坏，把生态环境问题控制在本国范围之内，不转移到其他国家。2020年，中国主动提出碳达峰碳中和的目标愿景，即二氧化碳排放

经验分享

云南大理像保护眼睛一样保护洱海"母亲湖"

洱海是高原湖泊的代表，也是大理人民的"母亲湖"。20 世纪 90 年代，洱海遭到污染，几次暴发全湖性蓝藻，水质急剧下降。多年来，云南省大理白族自治州全面打响洱海保护治理的攻坚战，经过坚持不懈的努力，洱海水质得到有效恢复。截至 2022 年年底，洱海水质已连续 3 年达优。现在，湿地、森林、传统村落如一颗颗宝石散布在 129 公里的环湖生态廊道上，洱海成为生态旅游热门"打卡地"，成为网民心目中"有风的地方"。图为洱海水鸟嬉戏的美景。

力争于 2030 年前达到峰值，努力争取 2060 年前实现碳中和。3 年来，中国制定了一系列完成"双碳"目标的政策，并逐步付诸实施，充分展现了推动全球可持续发展的大国责任。

地球是全人类的共同家园，实现全球人与自然的和谐共生是世界各国的共同责任。在这件事上，没有哪个国家能独善其身。唯有秉持地球生命共同体的理念，共同医治生态环境的累累伤痕，共同构筑生态文明的坚实根基，才能让子孙后代既能享受现代化的丰硕成果，又能徜徉在青山绿水间。

◇ 绿水青山就是金山银山

处理好经济发展和生态环境保护的关系，是一个世界性难题，也是人类社会发展面临的永恒课题。传统的工业化道路，往往是先注重发展，直到产生了严重的环境问题之后，才采取措施进行修复。西方发达国家大多都走过这样一段历程，带来的后果是发展不可持续，也付出了沉重的环境代价。现在，我们推进的中国式现代化，将经济发展和生态环境保护有机统一起来，坚持在发展中保护、在保护中发展，努力实现发展和保护良性互动，以高品质生态环境支撑高质量发展。

习近平总书记鲜明提出了"绿水青山就是金山银山"的重大理念，用生动形象的说法破解了经济发展和生态环境保护的二元悖论，深刻揭示了经济发展和生态环境保护协同共生的内

经验分享

吉林白山"冰天雪地"变身"金山银山"

吉林省白山市地处长白山腹地，冰雪资源得天独厚，素有"长白林海""雪域王国""立体资源宝库"的美称。近年来，白山市深入践行"绿水青山就是金山银山""冰天雪地也是金山银山"理念，倾力打造吉林省东部避暑冰雪生态旅游大环线重点节点城市，加快冰雪旅游、冰雪运动、冰雪文化、冰雪装备等新业态发展，努力实现冰天雪地的经济价值、社会价值、文化价值，以资源兴产业，让白雪变白银。图为"长白山之冬"冰雪旅游季期间的长白山国际度假区滑雪场。

在规律。土地、矿产、河流、森林等，作为人类经济活动最基本的生产资料，是社会生产力的重要组成部分。保护生态环境就是保护生产力，就是保护经济发展的基础和条件；改善生态环境就是发展生产力，就是增强经济发展的潜力和后劲。所以说，良好生态本身蕴含着无穷的经济价值，能够源源不断创造综合效益，实现经济社会可持续发展。

在"绿水青山就是金山银山"这一理念的指引下，新时代生态文明建设取得了举世瞩目的巨大成就。面对环境污染严重、生态系统退化等"国土之殇、民生之痛"，我们从解决突出生态环境问题入手，注重点面结合、标本兼治，坚持转变观念、压实责

国家公园掠影

三江源国家公园

大熊猫国家公园

东北虎豹国家公园

海南热带雨林国家公园

武夷山国家公园

任，承担大国责任、展现大国担当，不断深化对生态文明建设规律的认识，实现了由重点整治到系统治理、由被动应对到主动作为、由全球环境治理参与者到引领者、由实践探索到科学理论指导的重大转变。经过顽强努力，我国天更蓝、地更绿、水更清，万里河山更加多姿多彩。比如，全国地表水优良水体比例达到87.9%，地级及以上城市黑臭水体基本消除；$PM_{2.5}$ 平均浓度历史性下降到 29 微克每立方米，重点城市平均浓度累计下降57%，成为全球大气质量改善速度最快的国家；累计完成防沙治沙 2.78 亿亩、种草改良 6 亿亩，实现由"沙进人退"到"绿进沙退"的历史性转变，在世界上率先实现荒漠化土地和沙化土地面积"双缩减"。生态环境的深刻变化，成为新时代党和国家事业取得历史性成就、发生历史性变革的显著标志。

人若不负青山，青山定不负人。大自然是慷慨无私的，总是倾其所有来滋养万物，从不计较得失。我们保护好了绿水青山，大自然一定会把最珍贵的财富馈赠给我们，"常青树"就会变成"摇钱树"，让我们收获金山银山。发展的绿色化、生态化，代表着科技发展和产业变革方向，是最具市场前景和发展潜力的领域，可以创造出具有强大吸引力的优势和品牌。从现代经济社会发展的趋势看，生态环境的质量日益成为衡量一个区域、一个城市综合竞争力的重要维度。俗话说："鱼逐水草而居，鸟择良木而栖。"如果其他方面条件都具备，人们

国家公园（候选区）掠影

祁连山国家公园

神农架国家公园

普达措国家公园

钱江源国家公园

湖南南山国家公园

149

更愿意到有绿水青山的地方投资、发展、工作和旅游。我国的一些地方，由于客观条件的限制，过去没有发展起来，但生态环境保护下来了，现在反而变成了"香饽饽"，成为绿色经济的投资热土，成为人们休闲旅游的"打卡地"。

生态环境不仅关系经济发展质量，而且攸关每个人的生活品质。对人的生存来说，金山银山固然重要，但绿水青山更为基础和关键，是人民群众幸福感的重要来源和集中体现。一个地方 GDP 增长多少，老百姓感受不一定那么明显，但生态环境变差了，水污染了、树木少了、雾霾天多了，老百姓就会很直观地感受到。如果人们整天生活在恶劣的生态环境中，哪怕钱挣得再多、物质条件再好，也没有什么幸福可言。从这个意义上讲，保护生态环境就是保护民生，就是为人们提供最普惠的、也是最宝贵的民生福祉。

◇ 建设美丽中国

中国人对美好环境的向往是刻在民族基因里的，多少古人都寄情于山水之间，留下了数不胜数的名篇美文。可以说，这片我们生于斯长于斯的土地，既是永远的生存空间，也是永恒的精神家园。在推进强国建设、民族复兴的进程中，我们将在 960 多万平方公里的土地上创造现代化建设的发展奇迹，也将给子孙后代留下一个江山如画的大美中国。

经验分享

江苏盐城推动绿色低碳发展

江苏省盐城市拥有优越的自然生态、规模化的绿色产业、富有潜力的碳汇空间，一直以来，该市持续推动能源清洁低碳、安全高效利用，逐步构建新能源全产业链生态体系，促进经济社会发展全面绿色转型。目前，盐城已成为全国首批新能源示范城市、国家海上风电产业区域集聚发展试点、长三角地区首个"千万千瓦新能源发电城市"，被誉为"海上风电第一城"。图为该市东台"风光渔"一体化基地。

今后 5 年是美丽中国建设的重要时期，我国经济社会发展已经进入加快绿色化、低碳化的高质量发展阶段，生态文明建设仍然处于压力叠加、负重前行的关键期。我们必须以更高站位、更宽视野、更大力度来谋划和推进生态环境保护工作。党的二十大在深入总结新时代生态文明建设成就经验的基础上，对中国式现代化在生态文明建设领域的目标任务进行了部署，对今后一个时期推动绿色发展、促进人与自然和谐共生提出了新的要求。这生动擘画了中国式现代化的绿色图景，吹响了新征程上推进美丽中国建设的嘹亮号角。

走绿色发展之路。绿色是中国式现代化的鲜明底色，绿色低碳发展是解决生态环境问题的治本之策。生态环境问题归根到底是发展方式和生活方式问题，推动绿色发展也要围绕这两

经验分享

上海垃圾分类从"新时尚"到"好习惯"

2023年5月21日，习近平总书记给上海市虹口区嘉兴路街道垃圾分类志愿者回信，勉励他们用心用情做好宣传引导工作，带动更多居民养成分类投放的好习惯。上海是全国最早全面开展垃圾分类的城市之一。近年来，从"扔进一个筐"到"细分四个桶"，从"规定工作"到"自觉动作"，从"新时尚"到"好习惯"，垃圾分类成为上海以"绣花功夫"推进基层治理的缩影，为超大城市践行习近平生态文明思想提供了生动注脚。图为该市虹口区嘉兴路街道志愿者引导居民准确投放垃圾。

个方面来进行。在发展方式上，着力构建绿色低碳循环经济体系，加快形成科技含量高、资源消耗低、环境污染少的产业结构，大幅提高经济绿色化程度；在生活方式上，积极开展全民绿色行动，大力倡导绿色消费，激发全社会共同呵护生态环境的内生动力，让绿色低碳生活方式化风成俗。

打好蓝天碧水净土保卫战。通过持续的努力，污染防治攻坚战取得了重大成果，相比于过去，我们的环境变好了，天更蓝了、水更清了、山更绿了，人们从环境中获得的幸福感越来越强了。但必须清醒看到，当前我国污染物排放总量仍居高位，环保历史欠账尚未还清，人民群众对生态环境改善的新期待越来越高。我们必须保持战略定力，锲而不舍、久久为功，坚持精准治污、科学治污、依法治污，保持力度、延伸深度、拓展广度，持续开展大气污染防治、水污染防治和土壤污染防治，集中攻克老百姓身边的突出生态环境问题，持续改善生态环境质量，不获全胜决不收兵。

以系统观念加强生态治理。山水林田湖草沙是一个生命共同体，它们的命脉相互依存、紧密联系，统一于生态大系统之中。对于我们这样一个地域广阔的大国来说，各种生态样式都具备，且错落有致地分布在国土空间之内，生态系统多样性的特征更明显。加强我国生态治理，必须按照生态系统的整体性、系统性及其内在规律，统筹考虑自然生态各要素、山上山下、地上地下、岸上水里、城市农村、陆地海洋以及流域上下游，进行整体保护、系统修复、综合治理，提升生态系统多样性、稳定性、持续性。

特别⊙关注

全国碳排放权交易市场释放减排新动能

建设全国统一碳排放权交易市场，是利用市场机制控制和减少温室气体排放、推动经济发展方式绿色低碳转型的一项重要制度创新，也是落实我国碳达峰碳中和的核心政策工具。截至2023年8月14日，全国碳市场共运行503个交易日，碳排放配额累计成交量2.43亿吨，累计成交额111.92亿元。图为全国碳市场上线交易启动仪式。

积极稳妥推进碳达峰碳中和。实现"双碳"目标，是我国基于未来几十年发展特点主动提出来的，体现了现实性和可能性、阶段性和长期性的统一，需要立足国情，一步步地向前推进，等不得也急不得。一些地方在执行相关政策时，出现"跑偏"现象。有的搞"碳冲锋"，有的搞"一刀切"、运动式"减碳"，甚至出现"拉闸限电"的情况，影响了人们正常的生产生活秩序。实现碳达峰碳中和是一场广泛而深刻的经济社会系统变革，必须立足我国能源资源禀赋，坚持先立后破，深入推进能源革命，逐步转向碳排放总量和强度"双控"制度，有计划分步骤地把这项艰巨任务推向前进。

马克思说过，"社会是人同自然界的完成了的本质的统一，是自然界的真正复活"。在他看来，只有在共产主义社会，才能实现人与自然界的真正和解。中国式现代化超越了西方现代化的自然观，开辟了一条生态文明建设的现代化新道路，为人类最终解决与自然界的矛盾、通向未来理想社会提供了宝贵智慧和新的方案。

深度阅读

1. 习近平：《努力建设人与自然和谐共生的现代化》，《求是》2022 年第 11 期。

2.《习近平在全国生态环境保护大会上强调　全面推进美丽中国建设　加快推进人与自然和谐共生的现代化》，《人民日报》2023 年 7 月 19 日。

12 国泰民安万家宁
——如何理解推进国家安全体系和能力现代化？

当今世界，和平与发展是不可逆转的时代潮流，大范围的战争一时打不起来，尤其是大国之间爆发战争的可能性不大。但从第二次世界大战以后大国之间的博弈来看，相互较量的激烈程度并没有减弱，一定程度上说甚至是更强了，由军事领域的竞争扩展到政治、经济、科技、外交和意识形态等各领域的全面交锋。要搞垮一个国家，也许不需要诉诸武力，通过其他

手段就能达到，也许不需要从外部攻破，通过内部瓦解就能使其不攻自破。现在，大国安全的内涵和外延发生了明显变化，越来越呈现出总体性、关联性、隐蔽性等特征，需要我们树立新的安全观，以更为完备的安全体系、更为强大的安全能力，有效应对来自国内外错综复杂的风险挑战。

国以安为兴，民以安为乐。国家安全是民族复兴的根基，社会稳定是国家强盛的前提。党的十八大以来，以习近平同志为核心的党中央站在确保国家长治久安、社会安定有序、人民安居乐业的高度，准确把握我国国家安全形势变化新特点新趋势，创造性提出了总体国家安全观，从全局上对国家安全工作进行顶层设计，对各重要领域的国家安全作出一系列重大决策部署，为新时代党和国家事业顺利推进提供牢靠安全保障。新征程上，要把强国建设、民族复兴推向前进，必然会遇到各种可以预料和难以预料的艰难险阻，迫切需要我们坚持底线思维和极限思维，把国家安全作为头等大事，着力推进国家安全体系和能力现代化，办好发展和安全两件大事，建设更高水平的平安中国，以新安全格局保障新发展格局。

◇ 国家安全筑屏障

安全是一个民族、一个国家生存和发展的根本前提，是一种文明生生不息、赓续向前的重要保障。世界上很多曾经显赫的民族、强大的帝国、辉煌的文明，最终消失在历史的长河中，都与安全破防直接相关。比如，亚洲的古印度文明、波斯帝国，非洲的古埃及文明、迦太基古国，美洲的玛雅文明、印加帝国，它们的灭亡固然有很多因素，但外敌入侵通常是最后的"致命一击"。

中华民族能够绵延至今，与我们自古以来注重安全密切相关。《左传》讲："居安思危，思则有备，有备无患。"正是有着这样强烈的安全意识，中国很早就开始修建长城、驰道等重大工程，后来又不断完善，形成了一道有形的和无形的安全防线，对保持中华民族共同体、中华文明核心圈的总体稳定发挥了极为关键的作用。从某种程度上说，安全是中华民族国土不分、国家不乱、民族不散、文明不断的重要基石，也是中华民族巍然屹立于世界民族之林的强大后盾。

今天，我国正处于实现中华民族伟大复兴的关键时期，也处于从发展中大国迈向社会主义现代化强国的关键阶段，由大向强、将强未强之际往往是国家安全的高风险期。从外

◆◆ 各地开展形式多样的国家安全教育活动

部看，随着中国的发展壮大，我们受到的猜忌、攻击、打压和破坏多起来了，来自国际的政治、经济、军事等安全威胁不可避免，同时气候变化、粮食安全、能源安全等全球性问题日趋尖锐复杂；从内部看，发达国家在几百年中产生的一些问题在中国几十年内集中出现，而且相互叠加、彼此交织，其潜藏的风险之高、解决的难度之大不言而喻。这些都是实现中华民族伟大复兴绕不过去的坎，是我国由大到强发展过程中的"必答题"。

"备豫不虞，为国常道"。保障国家安全的治本之策在于健全国家安全体系。国家安全工作是一个涉及方方面面的复杂工程，犹如一张条条相连、环环相扣的大网，需要树立一盘棋意识，强化系统化的制度安排，构建起党委统筹抓总、部门各司其职、条块紧密结合、上下协调联动的大安全格局，达到"壹引其纲，万目皆张"的效果。党的二十大从领导体制、工作机制、力量布局等方面对健全国家安全体系提出要求，强调坚持党中央对国家安全工作的集中统一领导，完善国家安全法治体系、战略体系、政策体系、风险监测预警体系、国家应急管理体系等，为进一步夯实国家安全制度基础指明了方向。

保障国家安全，关键在于把制度执行好落实好。再完备的安全制度，如果没有强大的执行能力作支撑，也有可能落空，成为"空中楼阁""镜花水月"。全面提升国家安全能力，必须切实增强维护国家政权安全、制度安全、意识形态安全的能力，加强重点领域安全能力建设，加强海外安全保障能力建设，提高防范化解重大风险能力，使国家安全得到有力有效的保障。同时，国家安全与每个人都休戚相关，离不开全社会的共同参与，需要全面加强国家安全教育，增强全民国家安全意识和素养，筑牢国家安全的人民防线。

◇ 公共安全保平安

公共安全，是现代化国家治理中不可忽视的一个重大问题。它一头连着千家万户，一头连着经济社会发展，事关每个社会成员的生命健康和财产安全，事关国家和社会的安定有序，是最基本的民生，是治国安邦的大事。古语云："利莫大于治，害莫大于乱。"在一个国家、一个社会，如果没有良好的公共安全，人们的生产生活将无法正常进行，国家安全也得不到有效保障。

从人类历史来看，公共安全问题是随着社会发展进步而出现并不断凸显的。前工业时代，虽然也出现过诸如我国唐朝长安城、宋朝汴梁城以及西方的古罗马城等百万人口以上的超大城市，但总体上人们还是以分散式居住为主，公共安全问题并不突出。进入工业社会，社会化大生产不断发展，推动了城市的兴起，带来了人口的大规模聚集，各种公共安全问题日益凸显。特别是随着经济全球化的发展和信息化时代的来临，人们

经验 分享

广东深圳打造"圳品"守护"舌尖上的安全"

广东省深圳市 95% 的食用农产品、85% 的食品和 100% 的粮食均源自外地输入,具有明显的食品安全输入性风险特征。为了在确保食品安全的基础上满足消费者的旺盛需求,深圳启动"食品安全战略工程",建立供深食品标准体系,打造了高于国家标准的"圳品",经过严格审核认证,把全国各地优质农产品从田间地头带到深圳百姓的餐桌。图为陈列在超市的"圳品"蔬果专区。

交流交往的范围不断扩大,很多公共安全问题从一国范围扩展到整个世界,全球性特征越来越明显。这次新冠疫情在全球的大流行,也充分地印证了这一点。

当前,我国公共安全形势总体是好的。国家统计局调查显示,人民群众安全感由 2012 年的 87.55% 上升至 2021 年的 98.62%,10 年来始终保持高位。同时也必须看到,我国正处在公共安全事件易发、频发和多发期,公共安全问题总量居高不下。一段时间以来,火灾、交通事故、安全生产事故、自然灾害等时有发生,食品药品安全隐患依然存在,对人民群众生命财产安全造成了严重威胁。对于公共安全问题,任何时候都不能麻痹大意,必须保持"时时放心不下"的高度警觉,着力补齐短板、堵塞漏洞、消除隐患，着力抓重点、抓关键、抓薄弱环节，为人民群众编织起全方位、立体化的公共安全网。

"明者防祸于未萌，智者图患于将来。"维护公共安全，最有效的办法就是坚持预防为主，最大限度排除风险隐患、降低事故概率。无数事实表明，任何一起公共安全事件发生前，都有一些苗头和端倪出现，正所谓"风起于青萍之末，浪成于微澜之间"。航空界著名的"海恩法则"提出，每一起严重飞行事故的背后，必然有29次轻微事故和300起未遂先兆以及1000起事故隐患。现在，我国公共安全治理模式正在发生变化，由以事后处置为主向以事前预防为主转型，目的就是将维护公共安全的关口前移，加强源头治理、前端处理，把安全隐患消灭在萌芽状态，做到未雨绸缪，防患于未然。

很多公共安全事故的发生，特别是安全生产事故和食品药品安全事件的出现，原因可能有很多，但有一点是共同的，都是逃过政府监管"跑出来"的。抓好安全生产工作是维护公共安全的重中之重，必须加强对建筑、矿山、化工、交通运输等重点行业和领域制度化常态化安全监管，加大风险隐患排查整治力度，坚决防范遏制重特大事故发生。食品药品安全和生物安全直接关系人民群众身体健康和生命安全，是公共安全体系中极为敏感和重要的领域。特别是近年来生物安全风险不断加大，与之相比我们的监管体系和能力还有一定差距，必须尽快加强这方面的建设，筑牢我国生物安全的"防火墙"。

重大突发公共安全事件的处置，最重要的是突出一个"急"字，很多时候都是人命关天、刻不容缓，必须与时间赛跑，以最快速度进行应急处置和救援。比如，地质灾害发生后就存在救援"黄金 72 小时"的说法，在此期间，救援人员每多挖一块土、多掘一分地，被困者就多一分生还的机会。对抗自然灾害、应对突发事件，必须充分运用高新技术手段特别是物联网、大数据等提高防灾减灾救灾能力，在大安全大应急框架内提高重大突发公共事件处置保障能力，着力布局全国区域应急力量中心和体系，确保第一时间作出反应和处置，全力保障人民群众生命财产安全，全力维护社会大局稳定。

◇ 社会治理促和谐

社会治理关乎人民安居乐业，关乎社会安定有序，是一个国家安全状况、民众幸福程度的重要体现。美国盖洛普 2021 年调查显示，中国在治安安全的全球民调中高居第二，其中在"独走夜路感到安全"这项指数中，中国排名第三。国际上普遍认为中国是社会治安最好的国家之一，我们天天生活在这样的环境中司空见惯、习以为常，实际上同许多国家相比，这是非常难得的。很多去过国外的游客都有切身体会，白天看一些国家的景点很"高大上"，但到了晚上便不敢出门，害怕被抢劫，人身和财产安全都得不到保障。某些现代化程度很高的国家，宣称要给予民众"免于恐惧的自由"，却枪击案频发、种族歧视引发的暴力冲突不断出现，社会治安状况并没有让民众有足够的安全感。

社会治理与经济结构、利益格局、思想观念、社会结构的深刻变化密切相关。随着我国工业化、城镇化进程不断加快，社会治理的对象、环境、手段和内容发生了新的变化，特别是网络信息技术的快速发展，使现实世界和虚拟空间相互嵌入的特征更加明显，给社会治理带来前所未有的挑战。到 2022 年年底，我国常住人口城镇化率达到 65.22%，9 亿多人口生活在城市或城镇。截至 2023 年 6 月，我国网民规模达到 10.79 亿，互联网普及率达 76.4%。面对信息化时代社会治理的新形势新

经验分享

山东聊城"城市大脑"赋能城市治理

作为山东省首批新型智慧城市试点城市，聊城市以"城市大脑"作为智慧聊城建设的中枢系统，通过连接散落在城市各个单元的数据资源，打通城市神经网络，围绕精细治理、公共安全、产业赋能、民生服务、决策指挥五大领域，接入 5 万多路视频监控资源，汇聚 20 多亿条数据，上线 30 多个城市治理领域的应用场景，初步形成"用数据说话、用数据决策、用数据管理、用数据创新"的城市治理新模式，提升了城市治理精细化、专业化、智能化水平。图为该市智慧城市运行管理平台。

特征，必须创新社会治理的理念思路、方法手段、体制机制，不断提升社会治理的社会化、法治化、智能化、专业化水平。

打造社会共治"同心圆"。现代社会治理越来越由单一主体向多元主体转变，共建共治共享的特征日益明显。这其中，就涉及政府和其他治理元素的关系问题。西方社会比我们更早面临这个问题，但一直没有解决好，加剧了社会的失序和撕裂。我们有集中力量办大事的制度优势，能够在党的领导下把各方力量凝聚起来，形成社会治理的强大合力。横向上我们构建了党委领导、政府负责、群团助推、社会协同、公众参与的社会治理体制，纵向上我们打造了从中央到省、市、县、乡五级党委和政府的社会治理指挥体系，构建起横向到边、纵向到

经验分享

安徽六安叶集探索开展党建引领基层社会治理新模式

近年来，安徽省六安市叶集区注重发挥基层党组织在社区治理中的引领推动作用，通过探索"无事"找书记活动、建立乡村"书记热线"、打造"服务型"网格等创新举措，让群众遇到急难愁盼问题首先想到党支部、找到村（社区）书记，并通过"接单—理单—评单"等方式有效办理解决，真正让基层社会矛盾在第一线化解、在最末端解决。图为该区三元镇沣桥村党总支书记正在协调解决群众困难。

北京东城"小院议事厅"打通社会治理"最后一公里"

北京市东城区前门街道草厂社区是首都老城25片历史文化保护区之一，有大大小小460多个院子，实际居住740多户，约2500人，在这里有一个远近闻名的"小院议事厅"。它成立于2012年，经过10余年的实践，积累了民事民提、民事民议、民事民决、民事民办、民事民评的"五民"群众工作经验，成为北京社区治理的一个响亮品牌。在草厂社区，无论是燃气改造、院落提升、示范街区创建，还是开展各类主题教育、垃圾分类等，居民身边的大事小情，都能在"小院议事厅"得到解决，形成了邻约共守、邻情共知、邻事共理、邻困共帮的和谐局面。图为草厂社区居民在"小院议事厅"商量解决问题。

底的社会治理格局，形成人人有责、人人尽责、人人享有的社会治理共同体。

擦亮化解矛盾"金招牌"。20世纪60年代，浙江诸暨的枫桥镇在基层社会治理中创造了著名的"枫桥经验"。几十年来，从"发动和依靠群众，坚持矛盾不上交，就地解决"到"小事不出村、大事不出镇、矛盾不上交"，"枫桥经验"得到不断丰富和发展。2003年开始形成的"浦江经验"，提倡"变群众上访为领导下访"，让领导干部与群众"坐在一条板凳上、围在一张桌子上"，真心实意地为群众排忧解难，有力地密切了干群关系、化解了社会矛盾。加强和创新基层社会治理，必须充分汲取新时代"枫桥经验""浦江经验"的有益做法，完善正确处理新形势下人民内部矛盾机制，注重网格化管理、精细化服务、信息化支撑，把好源头关、监测关、管控关、责任关，坚持抓早抓小抓苗头，及时把矛盾纠纷化解在基层、化解在萌芽状态。

织密治安防控"守护网"。近年来，随着以扫黑除恶为代表的一系列打击违法犯罪行动的深入开展，我国社会治安环境显著改善。仅2022年，全国公安机关就打掉涉黑组织160余个、恶势力犯罪集团1520余个，破获各类刑事案件2万余起。现在，各种黑恶势力无所遁形，过去的"村霸""菜霸""沙

北京"朝阳群众"　天津"小巷管家"

广州"街坊"　昆明"红袖标"

霸""矿霸"已鲜有踪影，成为"江湖中的传说"。社会治安状况的明显改观，也离不开人民群众的广泛参与。比如，北京"朝阳群众"、天津"小巷管家"、广州"街坊"、昆明"红袖标"等治安志愿者，在摸排违法犯罪线索上屡建奇功，成为社会治安群防群治的重要力量。

中国古训有云："安而不忘危，存而不忘亡，治而不忘乱。"统筹发展和安全，是古往今来执政者必须完成好的一张答卷，也是中国全面迈向现代化、中华民族走向伟大复兴必须处理好的重大问题。在前进道路上，我们把发展作为执政兴国的第一要务，把安全作为治国理政的头等大事，推动发展和安全深度融合，将在现代化的征途上不断续写两大奇迹新篇章。

深度阅读

1.《习近平关于总体国家安全观论述摘编》，中央文献出版社 2018 年版。

2.《习近平主持召开二十届中央国家安全委员会第一次会议强调　加快推进国家安全体系和能力现代化　以新安全格局保障新发展格局》，《人民日报》2023 年 5 月 31 日。

13 军强国安护和平

——如何理解加快把人民军队建成世界一流军队是全面建设社会主义现代化国家的战略要求？

中国古代第一兵书《孙子兵法》开篇就指出："兵者，国之大事，死生之地，存亡之道，不可不察也。"纵观历史，战争与人类发展进程总是如影随形，几乎没有一天停止过。据不完全统计，过去5000多年的时间里，世界上共发生过战争14500多次。战争作为最高的斗争形式，一定程度上塑造着地区版图乃至世界格局。比如，秦统一六国基本奠定了中国大一统的疆域，新民主主义革命的胜利诞生了新中国，两次

世界大战对当代全球经济政治秩序的确立产生了决定性影响。可以说，战争关乎着民族的生死存亡，关乎着国家的兴衰荣辱，也影响着世界格局的演变和人类历史的走向。

　　强国必先强军，军强才能国安。历史启示我们，一个强大的国家必然要有一支强大的军队作后盾，这是一个颠扑不破的历史铁律。今天，面对这样一个大争的时代、大变的世界，我们要全面建设社会主义现代化国家、实现中华民族伟大复兴，绝不会是一帆风顺、轻轻松松的，必然会面临来自各方面包括军事方面的严峻挑战。能战方能止战，准备打才可能不必打，越不能打越可能挨打。新时代新征程上，我们必须全面推进国防和军队现代化，如期实现建军一百年奋斗目标，加快把人民军队建成世界一流军队，为维护国家主权、统一和领土完整筑起"钢铁长城"，为实现中华民族伟大复兴提供战略支撑，为世界和平与发展作出更大贡献。

◇ 强军目标击鼓催征

"南昌首义诞新军，喜庆工农始有兵。"1927年8月1日，南昌城头的一声枪响，宣告中国共产党领导的新型人民军队的诞生。人民军队因党的事业而生，为争取民族独立和人民解放而战，在捍卫社会主义中国发展成果中不断强大，同党和国家的前途命运紧紧连在了一起。

◆◆南昌起义（油画）

全面走向现代化，是我们国家孜孜以求的目标，也是人民军队始终为之努力的方向。新中国刚刚成立时，从战争中走来的人民军队武器装备十分落后，开国大典上受阅部队的武器来自24个国家，参加阅兵的17架飞机没有一架"中国造"，可见当时军队发展的基础相当薄弱。1954年，我们党提出的"四个现代化"构想中，其中一个就是"现代化的国防"。伴随着

◆◆ 开国大典阅兵的步兵方队

◆◆ 开国大典阅兵的飞机方阵

社会主义现代化建设的步伐，我们党先后提出"建设强大的现代化正规化国防军""走中国特色的精兵之路""积极推进中国特色军事变革""全面加强军队革命化现代化正规化建设"等重大思想，引领人民军队现代化不断实现跨越式发展。

新时代的嘹亮号角，开启了人民军队强军兴军的崭新征程。党的十八大以来，以习近平同志为核心的党中央着眼于党和国家事业发展对国防和军队建设的战略要求，确立党在新时代的强军目标，确立新时代军事战略方针，坚持党对人民军队的绝对领导，明确新时代人民军队使命任务，坚持边斗争、边备战、边建设，深入推进政治建军、改革强军、科技强军、人才强军、依法治军，大力度推进国防和军队现代化建设，大刀阔斧深化国防和军队改革，重构人民军队领导指挥体制、现代军事力量体系、军事政策制度，人民军队体制一新、结构一新、格局一新、面貌一新。国防和军队现代化建设不断加快，国防科技创新全面推进，国产航母、新型核潜艇、歼-20、

运 -20、东风系列导弹等大国重器列装，人民军队现代化水平和实战能力显著提升，中国特色强军之路越走越宽广。

同国家现代化进程相适应，我们党制定了国防和军队现代化新"三步走"战略安排，提出到 2027 年实现建军一百年奋斗目标、到 2035 年基本实现国防和军队现代化、到本世纪中叶全面建成世界一流军队。必须清醒看到，虽然我国国防和军队现代化建设取得重大进展，但总体上距离世界一流军队还有不小差距。到底有多大差距，很难从单一方面来进行比较，也很难用具体标准来衡量。战争无法预设，战场没有亚军。打仗不是纸上谈兵，最终较量的是实力、意志、精神，"钢多""气多"方能胜多。只有锚定目标，不懈努力，把克敌制胜的硬实力搞上去，把压倒一切的英雄气提起来，才能尽快步入世界一流军队行列，才能在未来全球军事博弈中牢牢把握战略主动权。

现在，距离建军 100 年还有不到 4 年时间。时不我待，催人奋进。党的二十大对"实现建军一百年奋斗目标，开创国防和军队现代化新局面"作出了新的部署，要求人民军队以新的成绩迎接百年华诞的到来。

◇ 党指挥枪不可动摇

"国家大柄，莫重于兵。"军队作为阶级统治最强大的暴力工具，对于夺取和巩固国家政权至关重要。谁掌握了军队，谁就对国家政权拥有控制权。无数事实表明，军队领导权问题处理得好，是国家和人民之福；处理不好，是国家和人民之祸。

军队领导权问题，是马克思主义军事理论的核心问题。中国共产党对这个问题的认识经历了一个逐渐加深的过程。建党初期，由于我们党没有认识到建立和掌握军队的极端重要性，遭遇了大革命失败等惨痛教训。在付出了无数鲜血和生命代价之后，我们党开始认识到"枪杆子里面出政权"，建立和发展党领导的新型人民军队，"以武装的革命反对武装的反革命"，走上了"农村包围城市、武装夺取政权"的革命道路。此后，我们党之所以能够推翻反动统治、夺取政权并守好红色江山，最根本的就在于坚持党对人民军队的绝对领导，枪杆子始终掌握在党的手里。党的绝对领导，造就了人民军队对党的赤胆忠心，造就了人民军队和人民的鱼水情意，造就了人民军队为党和人民冲锋陷阵的坚定意志，确

◆◆ 三湾改编纪念馆

◆◆ 古田会议旧址

保人民军队在任何时候都坚决执行党的政治任务，为党和人民事业不断前进保驾护航。

面向未来，坚持党对人民军队的绝对领导，牢牢把握党指挥枪的根本原则，是推进国防和军队现代化的"生命线"，是全面建设社会主义现代化国家的"压舱石"。在长期的实践中，我们党形成了一整套党对人民军队的绝对领导制度体系，其中最重要的就是军委主席负责制。这是宪法和党章规定的重大制度，在党领导人民军队的制度体系中处于最高层次、居于统领地位。全军必须全面深入贯彻军委主席负责制，确保一切行动听从党中央、中央军委和习主席指挥。

特别 关注

"烟台峰英雄连"红色精神代代传

第72集团军某旅"烟台峰英雄连"诞生于解放战争的烽火硝烟中，70多年来始终保持一往无前的革命精神，转战南北、功勋卓著。2017年军队调整改革，"烟台峰英雄连"千里换防至新驻地。连队官兵以绝对听党指挥、随时走上战场的备战思想，直面武器装备更新、体制编制调整、战场驻地变换带来的挑战，始终瞄准两栖作战的重难点问题，持续探索新训法、新战法，在一场场实战化演训中打头阵、当先锋，展现了新时代的军人风采。图为该连官兵在进行两栖登陆训练。

　　坚持党对人民军队的绝对领导，关键是在"绝对"两个字上，确保全军绝对忠诚、绝对纯洁、绝对可靠。所谓"绝对"，就是强调坚持党的领导的唯一性、彻底性和无条件性，必须是纯粹的、百分百的忠诚，不掺杂任何杂质，没有任何水分。无论在任何时候，无论在任何情况下，都必须做到以党的旗帜为旗帜、以党的方向为方向、以党的意志为意志，头脑特别清醒、态度特别鲜明、行动特别坚决。衡量我军是不是政治上合格，可以讲很多条，但归根到底要看这一条。

　　要不要坚持党对人民军队的绝对领导，始终是我们同各种敌对势力斗争的一个焦点。长期以来，敌对势力大肆鼓吹"军队

国家化""军队非党化、非政治化"等错误论调，妄图对我军官兵拔根去魂，想方设法让军队"改变颜色"，脱离党的领导。对此，我们必须保持高度警觉，认清敌对势力的险恶用心，旗帜鲜明地加以批驳和抵制，始终保持政治上的坚定。必须始终坚持党对人民军队绝对领导不动摇，把听党指挥深深融入血脉和灵魂，深化党的创新理论武装，加强军史学习教育，繁荣发展强军文化，强化战斗精神培育，真正做到"炼就金刚身，不怕百毒侵"，永远听党话、跟党走，永远做党和人民的忠诚卫士。

◇ 使命任务有效履行

人民军队一路走来，紧跟着党和人民事业前进的步伐，忠实履行党赋予的使命任务。战争年代，人民军队以一往无前的英雄气概，同各种敌人作殊死斗争，为夺取新民主主义革命胜利建立了不朽功勋；新中国成立后，人民军队为巩固新生人民政权、形成中国大国地位、维护中华民族尊严提供了坚强后盾，在社会主义革命和建设中写下了光辉的一页；改革开放后，人民军队积极投身改革开放新的伟大革命，为维护国家改革发展稳定与国家主权、统一和领土完整提供了强大力量支撑。

党的十八大以来，面对新时代党的主要任务发生的深刻变化，以习近平同志为核心的党中央提出了人民军队的使命任务，即为巩固中国共产党领导和社会主义制度提供战略支撑，为捍卫国家主权、统一、领土完整提供战略支撑，为维护我国

特别 ☉ 关注

"黑河好八连"：国界线上的忠诚守护者

北部战区陆军边防某部"黑河好八连"作为全军唯一一个冬季24小时在界江冰面执勤的连队，每年的很多日子都驻守在极寒之中，忠诚守卫着祖国的北大门。近年来，该连着眼于提升科技控边效能，创新了"视频监控全域覆盖、防阻设施全线封控、报警器材全面预警、重点地段全时把守、执勤车辆全程机动、划区联段全员定责、快反分队全天应急"的立体管控新模式，不断提升边境管控质量。图为该连官兵在冰面上巡逻。

海外利益提供战略支撑，为促进世界和平与发展提供战略支撑。为有效履行这一使命任务，党的二十大对国防和军队现代化建设提出了新的要求。

军人生来为战胜。军队首先是战斗队，军队的生命力在于战斗力。我军素以能征善战著称于世，在新中国成立之前打了400多场战役，赶走了侵略者、消灭了反动派，朝鲜战场上打败了武装到牙齿的对手，在多次边境自卫作战中捍卫了国家领土完整。但打得赢的标准是随着实践发展而变化的，过去能打赢并不等于现在能打赢，更不代表未来能打赢。当前，世界军事领域正在发生广泛而深刻的变革，信息化智能化战争形态加速到来，战争制胜观念、制胜要素、制胜方式都与传统战争大相径庭。坚持战斗力这个唯一的根本的标准，提高人民军队打赢能力，必须紧盯科技之变、战争之变、对手之变，深入研究现代战争的特点规律，创新军事战略指导，发展人民战争战略战术，不断增强练兵备战针对性实效性，切实提高我军威慑和实战能力，锻造召之即来、来之能战、战之必胜的精兵劲旅。

一支强大的军队，是打出来的，也是治出来的。治军从古至今都是很重要的事。战国时期军事家吴起就提出，"兵不在众，以治为胜"。我国历史上许多英勇善战的军队，比如岳家军、戚家军等，都是以治军有方而著称的。我们人民军队在革命年代的许多战争中之所以能够以弱胜强、以少胜多，很重要的原因就在于我军严于治军、善于治军。现在，我军要实现党在新时代的强军目标，有效履行新时代人民军队使

特别关注

中国海军参加"科莫多-2023"多国海上联合演习

"科莫多-2023"是2023年6月上旬在印度尼西亚举行的多国海上联合演习。中国海军派出改进型052D导弹驱逐舰湛江舰、054A型导弹护卫舰许昌舰参演，主要参加国际海事安全会议、海事展览、国际阅舰式、民事医疗、民事工程、文化交流、联合演习等活动，以过硬的军事素质和良好的作风形象，展示了我军应对自然灾害、海事威胁和提供人道主义援助的军事能力，传递了热爱和平、珍惜友谊的真挚意愿。图为参加联合演习的中国海军湛江舰。

命任务，也必须把治军这件大事摆在重要位置。党的二十大首次提出全面加强军事治理的重大任务，从巩固拓展国防和军队改革成果、加强战建备统筹、加强依法治军、改进战略管理等方面，着力构建现代军事治理体系，以高水平治理推动我军高质量发展。

现代战争越来越表明，战争的对抗不仅仅是军事力量的比拼，更是国家整体实力的较量。恩格斯讲，"军队的全部组织和作战方式以及与之有关的胜负，取决于物质的即经济的条件"。随着科技快速发展，国家战略竞争力、社会生产力、军队战斗力的耦合关联越来越紧。只有把富国和强军统一起来，把国防和军队现代化融入国家现代化，最大限度实现国家整体实力系统整合，才能最大程度形成军事竞争优势。新时代以来，我们党采取一系列重大措施，着力构建一体化国家战略体系和能力，促进了国防实力和经济实力同步提升。巩固提高一体化国家战略体系和能力是一项战略性全局性长期性工程，必须强化顶层设计，坚持问题导向，持续优化体制机制，完善政策制度，实现国家战略能力最大化。

列宁曾说，"革命军队之所以必要，是因为只有靠暴力才能解决伟大的历史问题"。锻造一支强大的人民军队，是我们不断取得革命、建设、改革事业胜利的坚强保证，也是我们推进中国式现代化、实现中华民族伟大复兴的战略支撑。在推进伟大社会革命的征途上，人民军队必将以铁一般信仰、铁一般

特别 关注

中国维和部队 "蓝盔" 铁肩担道义

中国维和部队，是中国根据联合国有关决议和国际法准则派出的军事部队，主要任务是制止冲突，恢复和平。自1990年以来，中国维和部队共派出5万余人次，参加近30项联合国维和行动，足迹遍布20多个国家和地区。30多年来，中国维和部队忠实履行维和使命，为维护世界和平、促进共同发展作出积极贡献，为世界和平与发展注入更多正能量，彰显了和平之师、正义之师、文明之师形象。图为中国维和部队人员在国外执行维和任务。

信念、铁一般纪律、铁一般担当，坚决完成好党和人民赋予的神圣使命。

深度 阅读

1. 习近平：《在庆祝中国人民解放军建军 90 周年大会上的讲话》，《求是》2022 年第 15 期。

2.《习近平在出席军队领导干部会议时强调　认真学习宣传贯彻党的二十大精神　奋力实现建军一百年奋斗目标》，《人民日报》2022 年 10 月 25 日。

14 *同心共圆*中国梦

——如何理解坚持和完善"一国两制"、推进祖国统一是全面建设社会主义现代化国家的重要内容？

　　神州板荡，山河破碎，在中华民族衰微之时，香港、澳门、台湾先后被分离出去，离开了祖国母亲的怀抱。那一段历史，写满了民族的屈辱和人民的悲痛，所有中华儿女对此刻骨铭心。100多年来，实现祖国完全统一，是全体中华儿女魂牵梦绕的强烈渴望，是中国共产党矢志不渝的历史任务。伴随着

中华民族站起来、富起来、强起来的步伐，祖国统一大业迎来光明前景。我们党创造性地提出了"一国两制"伟大构想，并以此为指引，顺利解决了香港、澳门问题，推动两岸关系朝着正确方向发展。

历史潮流浩浩荡荡，祖国统一势不可挡。中国式现代化大步向前，民族复兴进程不可逆转，"一国两制"必将焕发出更加强大的生命力，必将引领祖国统一事业取得更大发展。党的二十大从中华民族整体利益出发，深刻总结"一国两制"实践取得的历史性成就，系统阐释新时代坚持和完善"一国两制"的新理念新思想新战略，科学擘画了推进祖国统一的宏伟蓝图。这集中体现了新时代中国共产党人的坚强决心，也充分反映了全体中华儿女的共同心声。

◇"一国两制"来龙去脉

近代以后，中国经历了长达百余年的苦难历史，被西方列强野兽猛禽般轮番瓜分，陷入四分五裂、支离破碎的境地。直到中国共产党领导人民赢得了革命胜利，赶走了蚕食中国领土的侵略者，这一悲惨状况才得以真正改变，祖国大陆实现了统一。由于种种历史原因，香港、澳门、台湾与祖国还处于分离状态。新中国成立后，我们党为实现港澳和台湾回归祖国怀抱，付出了不懈努力，积累了宝贵经验。

"一国两制"伟大构想是邓小平同志等老一辈领导人深刻总结历史经验，从我国实际出发，经过深思熟虑提出来的。"一国两制"，概而言之，就是在统一的国家之

内，国家主体实行社会主义制度，个别地区依法实行资本主义制度。按照"一国两制"伟大构想，经过同英国、葡萄牙外交谈判，1997年7月1日、1999年12月20日，饱经沧桑的香港、澳门先后顺利回归祖国，开启了香港、澳门历史新纪元。这彻底洗刷了中华民族百年耻辱，取得了实现祖国完全统一的历史性进展。随着交流交融越来越频繁充分，港澳台同胞对国家的认同感和向心力不断增强。

党的十八大以来，以习近平同志为核心的党中央继承和发展我们党关于"一国两制"的科学理论，深刻总结"一国两制"的成功实践经验，系统阐发了新时代坚持和完善"一国两制"的基本立场和重大原则，坚持和完善"一国两制"制度体系，有力推动了"一国两制"实践行稳致远。在科学内涵上，明确"一国两制"的根本宗旨是维护国家主权、安全、发展利益和保持香港、澳门长期繁荣稳定，必须准确把握"一国"和"两制"的关系，

坚持中央全面管治权和保障特别行政区高度自治权相统一，坚定落实"爱国者治港""爱国者治澳"原则，坚持依法治港治澳。在制度安排上，健全中央依照宪法和基本法对特别行政区行使全面管治权的制度，推动建立健全特别行政区维护国家安全的法律制度和执行机制、完善香港特别行政区选举制度等重要制度。这些重要理念和重大举措，极大丰富和发展了"一国两制"的理论和实践。事实充分表明，"一国两制"是经过实践反复检验了的，符合国家、民族根本利益，是完全行得通、办得到、得人心的。

"一国两制"是中国特色社会主义的伟大创举，为国际社会解决类似问题提供了新的选择。在过往的人类政治实践中，但凡收复失地都要兵戎相见、大动干戈，这几乎成为一个定势。"一国两制"包含了中华文化中的和合理念，体现了尊重差异、求同存异的思维方式，彰显了中华民族海纳百川、有容乃大的政治智慧，是中国共产党和中国政府为国际社会解决类似问题提供的中国思路、中国方案，是解决类似历史遗留问题、促进世界和平与发展的好制度，是对人类政治文明作出的一大贡献。

◆◆ 中英香港问题谈判　　　　　　　　◆◆ 中葡澳门问题谈判

◇ 保持港澳繁荣稳定

斗转星移，岁月为证。香港、澳门回归祖国后，重新纳入国家治理体系，走上了同祖国内地优势互补、共同发展的宽广道路，"一国两制"实践取得了举世公认的成功。有祖国作坚强后盾，香港、澳门无论是经受亚洲金融危机、国际金融危机的冲击，还是面对非典疫情、严重自然灾害的侵袭，都一次次战胜风险、转危为安，独特地位和优势不断巩固，始终保持蓬勃发展的生机活力。

推进强国建设、民族复兴，离不开香港、澳门长期繁荣稳定。党的十八大以来，我们党全面准确、坚定不移贯彻"一国两制"、"港人治港"、"澳人治澳"、高度自治的方针，深入推进"一国两制"实践，牢牢掌握宪法和基本法赋予的中央对香港、澳门全面管治权，深化内地和港澳地区交流合作，保持了香港、澳门稳定发展的良好态势。面对一个时期香港局势的动荡变化，党中央审时度势、果断决策，支持香港特别行政区依法止暴制乱、恢复秩序，制定实施香港国安法，修改完善香港选举制度，有力打击了反中乱港势力，中央全面管治权得到有效落实，国家安全得到有力捍卫，推动香港进入由乱到治走向由治及兴的新阶段。粤港澳大湾区建设为港澳发展提供了难得机遇、广阔空间和强劲动能，港澳以前所未有的广度、深度积极融入国家发展大局，香港国际金融、航运、贸易中心地位稳固，澳门经济适度多元发展稳步推进，各项社会事业取得显著进步。比如，香港男女居民的平均预期寿命分别达到 83.2 岁、87.9 岁，澳门分别达到 81.3 岁、87.1 岁，均名列世界前茅。

港澳回归 20 多年来不容辩驳的事实告诉我们，"一国两制"是个好制度，其方针原则是完全正确的，必须坚定不移地长期坚持，没有任何理由改变。面向未来，只有深刻理解和把握"一国两制"的实践规律，才能确保"一国两制"事业始终朝着正确的方向行稳致远，继续谱写香港、澳门长期繁荣稳定的华彩篇章。

全面准确贯彻"一国两制"。"一国两制"方针是一个完整的体系，"一国"是实行"两制"的前提和基础，"两制"从属和派生于"一国"，并统一于"一国"之内。"一国两制"首先是"一国"，这是根本，维护国家主权、安全、发展利益任何情况下都要作为最高原则。在此基础上，坚持中央全面管治权和保障特别行政区高度自治权相统一，落实中央全面管治权，

◆◆ 2022 年香港举行回归祖国 25 周年庆祝活动　◆◆ 2019 年澳门举行回归祖国 20 周年庆祝活动

粤港澳大湾区建设按下"加速键"

伶仃洋碧波万顷，珠江口风云激荡。建设粤港澳大湾区，是新时代推动形成全面开放新格局的新尝试，也是推动"一国两制"事业发展的新实践。随着港珠澳大桥、南沙大桥先后开通，深中通道、黄茅海跨海通道等超级工程有序推进，广汕铁路、深茂铁路、佛莞城际铁路等一批项目先后开工……粤港澳大湾区建设进入加速发展阶段，呈现出前所未有的勃勃生机。图为建设中的深中通道。

坚持行政主导，支持行政长官和特别行政区政府依法施政，提升全面治理能力和治理水平。

加快港澳经济社会发展。解决好港澳长期积累的经济结构失衡、发展动力不足、住房困难、贫富悬殊等深层次矛盾和问题，关键靠发展。香港、澳门背靠祖国、联通世界，具有得天独厚的区位优势，发展空间十分广阔。未来5年是港澳开创新局面、实现新飞跃的关键时期，两地一定能够抓住机遇、加快发展，巩固提升在国际金融、贸易、航运航空、创新科技、文化旅游等领域的地位，深化同各国各地区更加开放、更加密切的交往合作，不断增强本地发展的动力活力，让发展成果更多更公平地惠及全体港澳居民。

横琴粤澳深度合作区助力澳门经济多元发展

2021 年 9 月，中共中央、国务院正式公布《横琴粤澳深度合作区建设总体方案》，将横琴岛"一线"和"二线"之间的海关监管区域设定为横琴粤澳深度合作区，总面积约 106 平方公里。合作区成立以来，围绕促进澳门经济适度多元发展这条主线，全力推进重大政策、重大平台、重点项目落地落实，建设取得显著成效，为澳门经济发展带来新活力新动能。图为合作区一景。

　　壮大爱国爱港爱澳力量。《我的中国心》《东方之珠》《中国人》《黄种人》……这一首首曾经火遍大江南北的金曲，唱出了港澳同胞拳拳爱国之心、浓浓赤子之情。港澳同胞是伟大祖国的一分子，是建设香港、澳门的主体力量，要在港澳同胞尤其是青少年心中深植国家意识和爱国精神，在爱国爱港爱澳旗帜下形成最大公约数、画出最大同心圆。政权必须掌握在爱国者手中，这是世界通行的政治法则。世界上没有一个国家、一个地区的人民会允许不爱国甚至卖国、叛国的势力和人物掌握政权。保持港澳长期繁荣稳定，必须坚持"爱国者治港""爱国者治澳"。把特别行政区管治权牢牢掌握在爱国者手中。

　　国家强盛、民族复兴，是中华儿女共同之福。在以中国式现代化全面推进中华民族伟大复兴的历史进程中，"一国两制"在香港、澳门的实践必将行稳致远，香港、澳门必将在融入国家发展大局中实现更好发展，为推动国家的现代化建设发挥更大作用、作出更大贡献，香港、澳门的明天必定更加美好。

◇ 推进祖国统一大业

宝岛台湾，自古以来就是中国不可分割的一部分。一水之隔、咫尺天涯，由于特殊历史原因，两岸迄今尚未完全统一，这是历史遗留给中华民族的巨大创伤。习近平总书记指出："台湾问题因民族弱乱而产生，必将随着民族复兴而解决。"解决台湾问题、实现祖国完全统一，是我们党矢志不渝的历史任务，是全体中华儿女的共同愿望，是实现中华民族伟大复兴的必然要求。

新中国成立以来，我们党把握两岸关系时代变化，推动台海形势从紧张对峙走向缓和改善、进而走上和平发展道路，两岸关系不断取得突破性进展。随着国际国内形势的深刻复杂变化，解决台湾问题、实现祖国完全统一，必须有新的思路和方略。党的十八大以来，以习近平同志为核心的党中央把握历史大势和时代变化，丰富和发展国家统一理论和对台方针政策，就对台工作提出一系列重要理念、重大政策主张，形成新时代党解决台湾问题的总体方略，为新时代解决台湾问题、实现祖国完全统一指明了方向。在这一总体方略的指引下，我们推动两岸政治交往取得新突破，实现 1949 年以来两岸领导人首次会晤、直接对话沟通，开展两岸各界对话协商，出台一系列惠及台湾同胞的政策举措并形成叠加效应，坚决反制"台独"分裂活动和外来干涉挑衅行径，牢牢掌握两岸关系主导权和主动权。

海水悠悠，情思绵绵。一湾浅浅的海峡，割不断两岸同胞同根同源、同文同种的血脉之缘，阻止不了两岸同胞守望相助、相互扶持的手足之情。祖国必须统一，也必然统一，这是 70 余载两岸关系发展历程的历史定论。台湾前途在于国家统一，台湾同胞福祉系于民族复兴。两岸中国人、海内外中华儿女理应共担民族大义、顺应历史大势，共同推动两岸关系和平发展、推进祖国和平统一进程。

特别 关注

海峡论坛奏响两岸融合发展最强音

"凤凰花又开，鹭岛再相聚"。作为两岸交流的品牌活动，第十五届海峡论坛于 2023 年 6 月在福建省厦门市举办。自 2009 年创办至今，历经 15 载的海峡论坛已经成为两岸民众畅叙乡情、交流互鉴、洽谈合作的重要平台，见证并推动着两岸民间交流走深走实，也不断拉近两岸同胞的心灵距离。图为第十五届海峡论坛·妈祖文化活动周现场。

夯实共同政治基础。"一国两制"的科学构想最初就是针对和平解决台湾问题而提出来的，本来就是为了照顾台湾现实情况，维护台湾同胞利益福

◆◆ 在上海市闵行区举办的两岸青年交流活动

祉，具有最大的宽容度和适应性，为两岸求同存异、和平统一指明了正确道路。无论是从过去和现在看，还是从未来长远发展看，"和平统一、一国两制"方针都是实现两岸统一的最佳方式，对两岸同胞和中华民族最有利。我们坚持一个中国原则和"九二共识"，在此基础上，推进同台湾各党派、各界别、各阶层人士开展广泛深入协商，共同推动两岸和平统一大业沿着正确方向阔步向前。

加强两岸交流合作。两岸一家亲，越走越亲近。多往来、多走动、多交流、多合作，才能拉近距离、增进互信、改善关系。展望未来，我们将始终尊重、关爱和造福台湾同胞，继续致力于促进两岸经济文化交流合作，深化两岸各领域融合发展，完善增进台湾同胞福祉的制度和政策，让台湾同胞分享更多发展机遇，参与国家经济社会发展进程。中华文化是两岸同胞心灵的根脉和归属，是两岸和平统一的精神纽带。两岸同胞有责任

共同弘扬中华文化，以正确的历史观、民族观、国家观化育后人，促进心灵契合，打造中华民族共同精神家园。

坚决遏制"台独"逆流。"台独"势力及其分裂活动，是两岸关系和平发展的最大现实威胁，是祖国统一的最大障碍。在历史大势面前，"台独"是倒行逆施，无异于螳臂当车，注定是穷途末路、死路一条。我们坚决维护国家主权和领土完整，愿意为和平统一创造广阔空间，但决不为各种形式的"台独"分裂活动留下任何空间。台湾是中国的台湾，解决台湾问题是中国人自己的事，要由中国人来决定。我们坚持以最大诚意、尽最大努力争取和平统一的前景，但决不承诺放弃使用武力，保留采取一切必要措施的选项，这针对的是外部势力干涉和极少数"台独"分裂分子及其分裂活动，绝非针对广大台湾同胞。我们有坚定的意志、充分的信心、足够的能力挫败任何形式的"台独"分裂图谋。

国家统一永远是中国核心利益的核心，一个坚强统一的国家是全国各族人民的命运所系、福祉所在。实现祖国完全统一，犹如江河汇入大海，是大势所趋、大义所在、人心所向，是滚滚向前、不可抗拒的历史潮流。前进道路上不可能一帆风顺，但只要我们同心同德、同向同行，就一定能够汇聚起促进祖国统一的磅礴伟力，共创中华民族伟大复兴美好未来。祖国完全统一的历史任务一定要实现，也一定能够实现！

深度阅读

1. 习近平:《在庆祝澳门回归祖国二十周年大会暨澳门特别行政区第五届政府就职典礼上的讲话》,《人民日报》2019 年 12 月 21 日。

2. 习近平:《在庆祝香港回归祖国二十五周年大会暨香港特别行政区第六届政府就职典礼上的讲话》,《人民日报》2022 年 7 月 2 日。

3.《习近平向第十五届海峡论坛致贺信》,《人民日报》2023 年 6 月 18 日。

15 天下为公行大道
——如何理解推动构建人类命运共同体是中国式现代化的本质要求？

　　人类社会走向世界历史，这是一个必然的过程。伴随着人类社会几百年的现代化进程，几乎所有国家和民族都被卷入世界发展体系中，世界历史的趋势和特征越来越明显，但全球范围内的矛盾冲突也越来越凸显。过去具有全球性特点的现代化模式，都试图用一种统一的样板去改造别人，看似是为其他国家好，实质是"按照自己的面貌为自己创造出一个世界"，是狭隘的霸权主义和强权政治，事实证明最终是行不通的。中国

式现代化秉持为人类谋进步、为世界谋大同的天下情怀，具有最大的包容性和开放性，以新的文明形态促进世界和平与发展，推动构建人类命运共同体。

当前，世界百年未有之大变局加速演进，世界之变、时代之变、历史之变正以前所未有的方式展开，我们生活的世界充满希望也充满挑战，世界又一次站在历史的十字路口，何去何从取决于各国人民的抉择。构建人类命运共同体，是新时代中国共产党人回答人类前途命运之问的中国方案，是引领世界大局大势的光明坦途。党的二十大报告指出："我们党立志于中华民族千秋伟业，致力于人类和平与发展崇高事业，责任无比重大，使命无上光荣。"这突出反映了中国发展与世界发展的高度统一，集中体现了党领导下的中国式现代化的宽广格局和高远追求。

◇ 中国特色大国外交阔步前行

外交作为国家意志的集中体现，必须同国家的整体实力、对外战略和安全需求等相匹配，最大限度为国家发展营造有利的外部环境。"弱国无外交"，卑躬屈膝、丧权辱国的旧中国外交，深深刺痛了无数国人的心。新中国成立后，我们一扫旧中国外交的屈辱，提出独立自主的和平外交政策，倡导并坚持和平共处五项原则，坚定维护国家独立、主权、尊严，在国际上树立起社会主义大国的形象。大国必须有大外交，一个国家要成为具有重要国际影响力的现代化强国，其外交理论和实践必须跟上强起来的步伐。

随着中国综合国力和国际地位的不断提升，当代中国与外部世界的关系正在发生历史性变化，我国同国际社会的互联互动变得空前紧密，在国际舞台上的影响力越来越大，外交事业的分量和地位愈加凸显。以习近平同志为核心的党中央深刻洞悉世界大势，准确把握时代潮流，统筹国内国际两个大局，在保持外交大政方针连续性和稳定性的基础上，主动谋划，努力进取，不断推动外交工作的理论和实践创新，走出了一条中国特色大国外交新路。"大道泛兮，其可左右。"新时代十年来，中国外交如鲲鹏展翅，在国际风云激荡中翱翔，尽显大国特色、大国风范、大国气度，为维护世界和平与发展奏响中国最强音。

"正义旗"越举越高。当今世界，和平、发展、合作、共赢的历史潮流不可阻挡，人类前途终归光明。但天下并不太平，恃强凌弱、巧取豪夺、零和博弈等霸权霸道霸凌行径危害深重，和平赤字、发展赤字、安全赤字、治理赤字加重，单边主义、保护主义等抬头，给世界和平与发展蒙上了阴影。中国始终站在历史正确的一边，站在人类进步的一边，坚定维护国际公平正义，坚持国际关系民主化，倡导践行真正的多边主义，旗帜鲜明反对一切霸权主义和强权政治，推动提升广大发展中国家在全球事务中的代表性和发言权，提出全球发展倡议、全球安全倡议、全球文明倡议，引领国际秩序朝着正确的方向发展。

"朋友圈"越来越大。新时代以来，习近平总书记出访 40 多次，足迹遍及五大洲 70 多个国家，在国内接待 100 多位国家元首和政府首脑。新冠疫情发生之后，习近平总书记积极开展"云外交"，同外国领导人和国际组织负责人通话达 180 多次，以视频方式出席重大外事活动 80 多场。精彩纷呈、气势恢宏的元首外交，为我国外交布局全面拓展提供了战略引领，推动形成更为全面、更为坚实的全球伙伴关系网络。截至 2023 年 8 月，我国已经同 182 个国家建立了外交关系，与 110

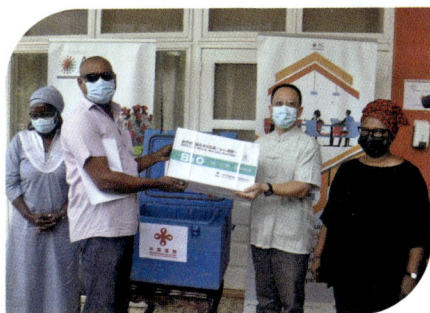

◆◆ 中国疫苗源源不断送往世界各地

多个国家和地区组织建立了不同形式的伙伴关系，国际上铁杆朋友越来越多。

"大国范"越来越足。中国积极参与全球发展合作，在力所能及范围内向其他发展中国家提供了大量支持和帮助，累计向近170个国家和国际组织提供了4000多亿元人民币援助。在全球抗疫进程中，中国第一时间开展全球紧急人道主义行动，同180多个国家和国际组织分享疫情防控和诊疗方案，向34个国家派出38支医疗专家组，向120多个国家和国际组织提供超过22亿剂新冠疫苗。这些实实在在的善行义举，给那些需要帮助的国家和地区的民众带去了福祉，彰显了中国负责任、讲道义、有担当的大国形象。

◇ 推动构建人类命运共同体

人类只有一个地球，各国共处一个世界，越来越成为你中有我、我中有你的命运共同体。构建人类命运共同体顺应这一时代发展潮流，是世界各国人民前途所在。随着中国特色大国外交的深入推进，这一重大理念日益转化为实际行动，得到越来越多国家和地区的认同，成为中国引领时代潮流和人类文明进步的鲜明旗帜。新时代新征程上，中国将始终坚持维护世界和平、促进共同发展的外交政策宗旨，致力于推动构建人类命运共同体。

始终不渝走和平发展道路。"有公心必有公道，有公道必有公制。"这是我国晋代思想家傅玄的一句名言，精辟阐释了公心公道的作用。中国坚定奉行独立自主的和平外交政策，始终根据事情本身的是非曲直决定自己的立场和政策。一年多来，乌克兰危机牵动着国际社会的神经。中国本着客观公正的态度，始终站在和平和正义一边，主张彻底摒弃冷战思维，呼吁各方坚持政治解决的大方向，通过对话协商寻求乌克兰问题的全面解决。中国始终是维护世界和平的坚定力量，尊重各国主权和领土完整，坚持国家不分大小、强弱、贫富一律平等，尊重各国人民自主选择的发展道路和社会制度，同世界各国一道建设一个持久和平的美好世界。

特别关注

中欧班列累计开行超 7.5 万列

中欧班列是指中国开往欧洲及"一带一路"沿线国家间的快速货物班列，共有东中西 3 条运行线路。2011 年 3 月 19 日首趟中欧班列成功开行，截至 2023 年 7 月底，中欧班列累计开行突破 7.5 万列。中欧班列以其运距短、速度快、安全性高的特点，以及安全快捷、绿色环保、受自然环境影响小的优势，成为国际物流中陆路运输的重要方式。图为中欧班列 2023 年首趟年货物资返程专列。

进博会成为世界经贸交流合作的重要平台

中国国际进口博览会（简称进博会），是我国举办的世界上第一个以进口为主题的大型国家级展会，旨在坚定支持贸易自由化和经济全球化、主动向世界开放市场。进博会从 2018 年开始，目前已举办 5 届。进博会的影响不断扩大，促进了世界各国经贸交流合作，促进了全球贸易和世界经济增长，推动了开放型世界经济发展，成为国际采购、投资促进、人文交流、开放合作的重要平台。图为 2022 年第五届进博会场馆。

推动构建新型国际关系。2000 多年前，老子就在《道德经》里对大国有这样的描述："大国者下流。天下之交，天下之牝。"说的是大国要有海纳百川的气度，天下河流才能交汇于此。中国作为当今世界最大的发展中国家，始终以"四海一家"的宽广胸怀，广交天下朋友，推动与各方关系全面发展，致力于扩大同各国利益的汇合点。推动构建和平共处、总体稳定、均衡发展的大国关系格局，深化同周边国家友好互信和利益融合，加强同广大发展中国家的团结合作，努力构建相互尊重、公平正义、合作共赢的新型国际关系。

奉行互利共赢开放战略。开放才能发展，合作方能共赢。

对外开放是我国的基本国策，我们始终不渝地坚持，不断以中国新发展为世界提供新机遇，推动建设开放型世界经济，更好惠及各国人民。商务部公布的数据显示，2022年，我国全行业对外直接投资9853.7亿元人民币，较上年增长5.2%，实际使用外资首次突破1.2万亿元，较上年增长6.3%，"一带一路"沿线国家对华直接投资金额同比增长17.2%。中国开放的大门不会关闭，只会越开越大。中国坚持经济全球化的正确方向，推动营造有利于发展的国际环境，为全球发展注入源源不断的动力。

推进全球治理体系变革。全球治理格局取决于国际力量对比。当今世界，受国际力量消长变化的影响，全球治理赤字现象突出。发达国家一方面没有足够的能力和意愿提供全球公共产品，另一方面又不愿意向发展中国家让渡更多权力，造成了全球治理的供需失衡。破解全球治理赤字，国际社会期待听到中国声音、看到中国方案。中国积极参与全球治理体系改革和建设，践行共商共建共享的全球治理观，坚持真正的多边主义，推进国际关系民主化，推动全球治理朝着更加公正合理的方向发展。

◆◆ 第三届文明交流互鉴对话会暨首届世界汉学家大会于2023年7月在北京举行

◇ 大力弘扬全人类共同价值

"同归而殊途，一致而百虑"。当今世界，人类面临许多共同的挑战，解决共同的问题呼唤共同的价值。这种共同价值一定是站在全人类的高度，超越不同文明、不同制度、不同民族、不同地域的差异，具有最大包容性和认可度的价值公约数。正如我国著名社会学家费孝通所说的，"各美其美，美人之美，美美与共，天下大同"。

2015年9月，习近平总书记在出席第七十届联合国大会一般性辩论时指出："和平、发展、公平、正义、民主、自

特别关注

"中法文化之春"搭起两国文化交流的桥梁

"中法文化之春"创立于2006年，旨在推动中法两国艺术机构和艺术家之间的交流对话，增进两国民众的友谊和对彼此文化的了解。经过17年的发展，"中法文化之春"已成为中法文化交流的重要平台。2023年的"中法文化之春"，超过65个文化项目在中国20多个城市开展，涵盖音乐、戏剧、电影以及沉浸式数字创作等领域的200多场交流活动。图为"中法文化之春"具有浓郁两国文化氛围的演出现场。

由，是全人类的共同价值，也是联合国的崇高目标。"此后，习近平总书记在多个重大国际场合，都对全人类共同价值的丰富内涵和重大意义作了深刻阐述。这一重大理念，蕴含着中华文明四海咸辉、协和万邦的和合智慧，体现着不同文明价值追求的共通点，给动荡变革的世界画出最大同心圆，为推动构建人类命运共同体奠定了价值根基。

全人类共同价值内容丰富、系统全面，是一个有机统一的价值体系，契合了时代发展的需要。和平是人民的永恒期望，犹如空气和阳光；发展是各国的第一要务，是增进人类福祉的重要前提；公平、正义是国际秩序的基石，事关国际关系的道义基础；民主是人类不懈追求的政治理想，其本意是要求实行多数人的统治；自由是人类社会进步的产物，强调实现人的全面发展。习近平总书记深刻指出："和平与发展是我们的共同事业，公平正义是我们的共同理想，民主自由是我们的共同追求。"这3个"共同"，集中体现了各国人民对美好生活的共同企盼，也昭示了人类文明进步的正确方向。

我们弘扬全人类共同价值，不是要搞价值观输出，与某些国家鼓吹的所谓"普世价值"有着根本区别。全人类共同价值反映了全人类的共同利益，体现了不同文明的价值共识，"普世价值"仅代表部分西方国家的利益，依靠强行输出。世界上不存在高人一等的"自由民主"，不存在唯我独尊的"普世价值"。全人类共同价值是以联合国宪章为基础和行为准绳的，

◆◆ 中国—中亚峰会文艺演出

其理论基础是共识性的、不是独断的，实践基础是包容性的、不是排他性的，反映了世界各国人民普遍认同的价值理念的最大公约数，从根本上符合世界人民携手共建人类命运共同体、共创人类更加美好未来的前进方向。从现实看，某些国家打着"普世价值"的幌子，肆无忌惮推行干涉主义，热衷颠覆别国政权，培植地区代理人，在别的国家和地区制造混乱，导演了一系列"颜色革命"，甚至不惜动用武力，导致多个国家和地区至今政治动荡、经济凋敝、社会混乱、民生困苦。这充分说明，所谓的"普世价值"只是某些国家的一厢情愿，给其他国家和地区带来的并不是什么"福音"，而是无穷无尽的深重灾难。只有建立在广泛共识、共同利益基础上的价值观，才能真正被全世界人民所接受和认同。

弘扬全人类共同价值，是以充分尊重文明的多样性为前提的，主张在文明多样性的基础上找到共同点，在多元文明交流互鉴、共生共存的过程中发现共通性。中国以宽广胸怀理解不同文明对价值内涵的认识，尊重不同国家人民对价值实现路径的探索，主张以文明交流超越文明隔阂，以文明互鉴超越文明冲突，以文明共存超越文明优越，促进各国人民相知相亲，最大限度汇聚人类文明进步的精神力量，为共同建设美好世界的崇高事业燃起更加炽热的奋进之火。

"这是一个最好的时代，也是一个最坏的时代。"英国文学家狄更斯曾这样描述工业革命发生后的世界。当今时代，我们也前所未有地身处一个矛盾集中的世界之中，既面临巨大的挑战，又充满无限的希望。我们不能因现实复杂而放弃梦想，也不能因理想遥远而放弃追求。中国人民愿同世界人民一道，携手推动构建人类命运共同体，开创人类更加美好的未来！

深度阅读

1. 习近平：《携手同行现代化之路——在中国共产党与世界政党高层对话会上的主旨讲话》，《人民日报》2023年3月16日。

2. 习近平：《携手建设守望相助、共同发展、普遍安全、世代友好的中国—中亚命运共同体——在中国—中亚峰会上的主旨讲话》，《人民日报》2023年5月20日。

16 打铁必须自身硬

——如何理解全面建设社会主义
现代化国家关键在党？

　　世界进入近代以来，政党政治作为社会化大生产和阶级斗争发展到一定阶段的产物，伴随着人类现代化的进程应运而生。现代化催生政党政治，政党政治主导现代化，这已成为几百年来人类政治文明演进的一条大逻辑。作为现代化事业的引领和推动力量，政党的价值理念、领导水平、治理能力、精神

风貌、意志品质直接关系国家现代化的前途命运。中国共产党 100 多年团结带领中国人民追求民族复兴的历史，也是一部不断探索现代化道路的历史。在中华民族走向复兴的漫漫征途中，中国共产党的领导就像"擎天玉柱、架海金梁"，是当代中国取得一切发展进步的根本政治前提和保证，决定着中国式现代化的根本方向、前途命运、最终成败。

治国必先治党，党兴才能国强。我们党作为世界上最大的马克思主义执政党，要领导 14 亿多中国人民实现迄今为止最大规模的现代化，这项世所罕见的艰巨事业对党的领导和党的建设提出了重大考验。党的十八大以来，以习近平同志为核心的党中央坚定不移推进全面从严治党，解决了党内许多突出问题，使党的领导得到全面加强，党的政治领导力、思想引领力、群众组织力、社会号召力不断增强，党在革命性锻造中更加坚强有力，更加充满活力。以党的二十大为新起点，中国共产党整装再出发，团结带领中国人民踏上新的赶考之路，在以中国式现代化全面推进中华民族伟大复兴的新征程上必将迈出更加铿锵的步伐。

◇ 保持解决大党独有难题的清醒和坚定

任何一个组织、任何一个团体在发展壮大的过程中，随着成长时间的不断延续、组织规模的逐步扩大，都会不同程度地出现问题，从而影响整个组织和团体的生命活力，如果不采取

相关链接

帕金森定律

1958 年，英国历史学家诺斯古德·帕金森提出帕金森定律，指的是在行政管理中，行政机构会像金字塔一样不断增多，行政人员会不断膨胀，每个人都很忙，但组织效率越来越低下。帕金森定律也被称为组织麻痹病，与墨菲定律、彼得原理并称为 20 世纪西方文化最杰出的三大发现。

熵增定律

熵增定律是德国物理学家克劳修斯提出的热力学定律，指的是在一个封闭的孤立系统中，热量总是从高温流向低温，从有序走向无序，且这一过程不可逆转，如果没有外力的干预，最终将达到熵的最大状态，也就是系统的最混乱无序状态。但是，对开放系统而言，由于它可以将内部能量交换产生的熵增通过向环境释放热量的方式转移，所以开放系统有可能趋向熵减而达到有序状态。

有效措施加以解决，就会不可避免地陷入"帕金森定律""熵增定律"等困境。遍观人类社会几百年的政党政治，许多大党老党也曾经朝气蓬勃、生机盎然，但经过岁月的侵蚀和世事的消磨，有的早已折戟沉沙，有的则是日薄西山，还有的沉疴难起，令人唏嘘也发人深省。

中国共产党自 1921 年成立以来，已经走过了 102 个春秋，党员数量从 50 多人增加到 9800 多万人，领导人民取得了革命、建设和改革的辉煌业绩，创造的历史功勋足以彪炳史册。在这一伟大历程中，如何让我们党跳出治乱兴衰的历史周期率，始终是中国共产党人探索和回答的重大课题。毛泽东同志给出了第一个答案，这就是"让人民来监督政府"；习近平总书记给出了第二个答案，这就是自我革命。这两个答案，使我们党从内外两个方面不断警醒自己、革新自己，永葆旺盛生命力。

我们党是世界上最大的马克思主义政党，在人口最多的国家长期执政，历史久、人数多、规模大，既有办大事、建伟业的巨大优势，也面临着治党治国的特殊难题。党的二十大鲜明提出了"必须时刻保持解决大党独有难题的清醒和坚定"的重大论断，随后二十届中央纪委二次全会进行了系统阐释，用"六个如何始终"集中概括了中国共产党治党治国面临的突出难题。这"六个如何始终"各有侧重，但内在统一，着眼坚定理想信念，着力维护团结统一，紧扣提升治理能力，聚焦振奋精神状态，注重纠正错误偏差，强调做到激浊扬清，点明了党

知识要点

六个如何始终

2023年1月9日，习近平总书记在中国共产党第二十届中央纪律检查委员会第二次全体会议上用"六个如何始终"概括了中国共产党必须解决的独有难题。具体指：

一、如何始终不忘初心、牢记使命；

二、如何始终统一思想、统一意志、统一行动；

三、如何始终具备强大的执政能力和领导水平；

四、如何始终保持干事创业精神状态；

五、如何始终能够及时发现和解决自身存在的问题；

六、如何始终保持风清气正的政治生态。

在新时代新征程上最为紧迫、最为关键、最为根本的大问题。解决好这些难题，是我们党在新的长征路上必须迈过的一道坎、必须啃下的硬骨头。

同时还要清醒地看到，我们解决大党独有难题，面临着许多现实情况。虽然全面从严治党取得历史性成就，但党内一些深层次问题尚未根本解决，一些老问题反弹回潮的可能始终存在，稍有松懈就会死灰复燃，新的问题还在不断出现，党面临的执政考验、改革开放考验、市场经济考验、外部环境考验将长期存在，精神懈怠危险、能力不足危险、脱离群众危险、消极腐败危险将长期存在。这些都是阻碍解决大党独有难题的"绊马索"，必须对此保持足够的清醒和认识。

"事辍者无功，耕怠者无获。"解决大党独有难题是一个长期而艰巨的过程，必须以愚公移山的恒心、滴水穿石的韧劲，持之以恒坚持下去。党的二十大站在事关党长期执政、国家长治久安、人民幸福安康的高度，作出"全面从严治党永远在路上，党的自我革命永远在路上"的重要论断，就是鲜明宣示我们党坚决把党的伟大自我革命进行到底的决心意志，确保党永远不变质、不变色、不变味。

◇ 深入推进新时代党的建设新的伟大工程

把党的建设作为一项伟大工程来推进，并且始终坚持党要管党、从严治党的原则和方针，是我们党的一大创举，也是立党立国、兴党强国的一大法宝。1939年10月，毛泽东同志在《〈共产党人〉发刊词》中提出，要"建设一个全国范围的、广大群众性的、思想上政治上组织上完全巩固的布尔什维克化的中国共产党"，并把这一任务称为"伟大的工程"。1994年9月，党的十四届四中全会提出推进"党的建设新的伟大工程"的重大任务。党的十八大以来，以习近平同志为核心的党中央以前所未有的决心和勇气推进新时代党的建设新的伟大工程，使党的面貌焕然一新。

回顾新时代十年伟大变革，党的建设取得的成就是最鲜明的亮点。面向未来，党的二十大对"坚定不移全面从严治党，深入推进新时代党的建设新的伟大工程"作出新的部署，强调要落实新时代党的建设总要求，健全全面从严治党体系，全面推进党的自我净化、自我完善、自我革新、自我提高，使我们党坚守初心使命，始终成为中国特色社会主义事业的坚强领导核心。

旗帜鲜明讲政治，既是马克思主义政党的鲜明特征，也是我们党一以贯之的政治优势。从党的建设实践来看，党的政治建设决定党的建设的方向和效果，只有党的政治建设抓好了，党的政治方向、政治立场、政治大局把握住了，党的政治能力提高了，党的建设才能铸魂扎根。坚持党中央集中统一领导是最高政治原则。在党和国家事业的大格局中，党中央是坐

经验 分享

广东潮州以高质量党建引领高质量发展

红色引领，"潮"向未来。广东省潮州市坚持把加强党的全面领导和党的建设融入全市中心工作，充分发挥基层党组织战斗堡垒作用和党员先锋模范作用，树典型、传经验、谋发展，推进党建业务工作互促互进，为奋力谱写现代化潮州新篇章凝聚磅礴力量。图为该市党员干部研讨党建新思路。

镇中军帐的"帅"，发挥着一锤定音、定于一尊的领导权威作用。坚决维护党中央权威和集中统一领导，最关键的是坚决维护习近平总书记党中央的核心、全党的核心地位。全党同志必须不断提高政治判断力、政治领悟力、政治执行力，深刻领悟"两个确立"的决定性意义，把增强"四个意识"、坚定"四个自信"、做到"两个维护"自觉落实到实际行动中。

思想建设是党的基础性建设。邓小平同志曾深刻指出："我们共产党有一条，就是要把工作做好，必须先从思想上解决问题。"我们这么大一个党，领导着这么大一个国家，只有理论强，才能方向明、人心齐、底气足，才能统一全党思想意志行动，始终保持党的强大凝聚力、战斗力。对于新时代党的建设新的伟大工程来说，思想建设具有凝心铸魂、固本培元的作用。

从 2023 年 4 月开始，在全党深入开展学习贯彻习近平新时代中国特色社会主义思想主题教育，目的就是教育引导党员、干部全面系统掌握习近平新时代中国特色社会主义思想的基本观点、科学体系，把握好这一思想的世界观、方法论，坚持好、运用好贯穿其中的立场观点方法，把学习成果转化为坚定理想、锤炼党性和指导实践、推动工作的强大力量，使全党始终保持统一的思想、坚定的意志、协调的行动、强大的战斗力。

"尚贤者，政之本也。"习近平总书记指出："一个政党、一个国家能不能不断培养出优秀领导人才，在很大程度上决定着这个政党、这个国家的兴衰存亡。"全面建设社会主义现代化国家，必须有一支政治过硬、适应新时代要求、具备领导现代化建设能力的干部队伍。从当前干部队伍状况看，总体素质是好的，战斗力是强的，但与新任务新要求相比还存在不适应的地方。党的二十大提出"建设堪当民族复兴重任的高素质干部队伍"的重大任务，并在坚持党管干部原则、树立选人用人正确导向、加强干部斗争精神和斗争本领养成等方面作出明确要求，就是要使广大党员干部在严格的思想淬炼、政治历练、实践锻炼、专业训练中增长才干，努力为全面建设社会主义现代化国家、全面推进中华民族伟大复兴提供有力的干部支撑。

党的力量来自组织。高度重视组织建设，是中国共产党的政治优势和优良传统。我们党建立了包括党的中央组织、地方组织、基层组织在内的严密组织体系，这是世界上任何其他政党都不具有的强大优势。其中，党中央是"大脑"和"中枢"，地方组织是"躯干"和"四肢"，基层组织是"神经末梢"。只有党的各级组织都健全、都过硬，形成上下贯通、执行有力的严密组织体系，党的领导才能"如身使臂，如臂使指"。党的二十大突出强调增强各级党组织的政治功能和组织功能，就是要使党的各级组织强筋健骨，让党的组织体系的经脉气血畅通起来，保证党的组织优势得到充分发挥。

纪律是管党治党的"戒尺"，也是党员、干部约束自身行为的标准和遵循。毛泽东同志曾说，路线是"王道"，纪律是"霸道"，这两者都不可少。加强党的建设，既要靠正确的路线方针来指导，也要靠铁的纪律来约束。新时代以来，党的纪律规矩已经鲜明地立起来、严起来，广大党员干部心有所畏、行有所止，纪律意识和规矩意识大为增强。要把纪律建设摆在更加突出位置，使党规制定、党纪教育、执纪监督全过程都贯彻严的要求，既让铁纪"长牙"、发威，又让干部重视、警醒、知止，督促领导干部特别是高级干部严于律己、严负其责、严管所辖，把党的纪律刻印在全体党员特别是党员领导干部的心上，推动全党形成遵规守纪的高度自觉。

中国古人讲，"小智治事，中智治人，大智治制"。制度带有全局性、稳定性，是管根本、管长远的。加强党的建设要靠思想教育，更要靠制度保障，靠制度是长远之策、根本之策，这是一条重要经验。新时代十年，是党的历史上制度成果最丰硕、制度笼子最严密、制度执行最严格的时期，坚持依规治党、加强自我革命制度建设成为新时代"中国共产党之治"的独特密码。推进新时代党的建设新的伟大工程，必须把制度建设贯穿全过程各方面。党的二十大把"完善党的自我革命制度规范体系"作为制度建设的重点突出出来，就是要旗帜鲜明地把规矩立起来，形成坚持真理、修正错误，发现问题、纠正偏差的机制，健全党统一领导、全面覆盖、权威高效的监督体系，以制度的力量保证我们党始终勇立时代潮头、立于不败之地。

◇ 一刻不停推进全面从严治党

全面从严治党是新时代党的建设的鲜明主题。新时代以

经验分享

吉林延边打造"清风金达莱"新时代廉洁文化品牌

文化润心，养德固本。近年来，吉林省延边朝鲜族自治州纪检监察机关深入挖掘地域文化、民族文化、传统文化、红色文化和社会主义先进文化中蕴含的廉洁元素，结合边疆民族地区特色，着力打造"清风金达莱"新时代廉洁文化品牌，使廉洁内化为一种思想自觉和内在修养。图为该地党员干部参加廉洁文化读书分享会活动。

来，以习近平同志为核心的党中央以"十年磨一剑"的战略定力推进全面从严治党，以"得罪千百人、不负十四亿"的使命担当祛疴治乱，取得反腐败斗争的压倒性胜利并全面巩固，消除了党、国家、军队内部存在的严重隐患，管党治党宽松软状况得到根本扭转，风清气正的党内政治生态不断形成和发展，走过百年奋斗历程的中国共产党焕发出更为蓬勃的生机和活力。

全面从严治党取得的成就来之不易，但还远未到大功告成的时候，面对新时代新征程上强国建设、民族复兴的使命任务，面对长期存在的"四大考验""四种危险"，必须永远吹冲锋号，坚定按照既定的方向继续前进，咬定青山不放松，义无

特别关注

反腐败国际追逃追赃工作取得丰硕成果

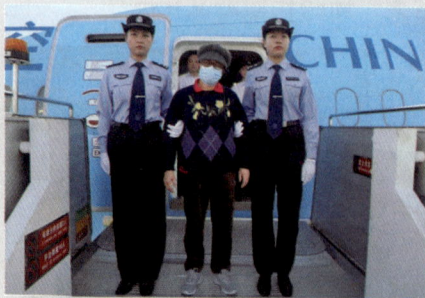

党的十八大以来，一张反腐败"国际天网"不断织密，大批外逃分子被缉拿归案。"天网行动"于2015年3月正式启动，截至2023年6月，"百名红通人员"已有62人归案。党的十八大至二十大期间，"天网行动"共追回外逃人员10668人，追回赃款447.9亿元，新增外逃腐败分子数量大幅下降。图为"百名红通人员"郭洁芳回国投案。

反顾地走下去，把党的伟大自我革命进行到底，通过长期不懈的努力换来海晏河清、朗朗乾坤。

党风问题关系执政党的生死存亡。习近平总书记指出："制定实施中央八项规定，是我们党在新时代的徙木立信之举，必须常抓不懈、久久为功，直至真正化风成俗，以优良党风引领社风民风。"这充分表明了我们党以钉钉子精神抓作风建设的决心和韧劲。应该说，在正风肃纪的高压之下，普遍性的作风问题得到了有效纠治，但"四风"问题出现新变种新表现，愈发趋于隐性隐蔽。坚持以严的基调抓作风，就是对老问题长抓长治的同时，对新问题也要露头就打。党的二十大突出强调坚持党性党风党纪一起抓，就是要求党员干部提高党性觉悟和人生修为，从思想上涵养富贵不能淫、贫贱不能移、威武不能屈的浩然正气。

中国共产党与腐败水火不容。腐败是危害党的生命力和战斗力的最大毒瘤，反腐败是最彻底的自我革命，是一场输不起也决不能输的重大政治斗争。党的十八大以来，我们党开展史无前例的反腐败斗争，坚持无禁区、全覆盖、零容忍，一体推进不敢腐、不能腐、不想腐，"打虎""拍蝇""猎狐"多管齐下，反腐败斗争取得压倒性胜利并全面巩固，成功走出了一条中国特色反腐败之路。据统计，2012 年 10 月至 2022 年 10 月，全国纪检监察机关共立案 464.8 万余件，其中，立案审查调查中管干部 553 人，处分厅局级干部 2.5 万多人、县处级干部 18.2 万多人。虽然反腐败斗争成效显著，但我们对腐败的顽固性和危害性绝不能低估，反腐败斗争形势依然严峻复杂。只要存在腐败问题产生的土壤和条件，反腐败斗争就一刻不能停。党的二十大充分估计反腐败斗争的严峻性和长期性，提出坚决打赢反腐败斗争攻坚战持久战的战略任务，并根据腐败阶段性特征和变化趋势提出了一系列精准化的有力举措，为全面打赢反腐败斗争攻坚战持久战提供了根本遵循。

有一种现象值得注意，就是在全面从严治党过程中，在严的基调下，少数党员干部出现了懒政怠政、不思进取、明哲保身等不担当不作为现象。对此，有人认为是全面从严治党捆住了党员干部的手脚，影响了他们干事创业的积极性。其实，只要稍加分析，就会发现这种说法站不住脚。我们全面从严治党的目的，是要通过明方向、立规矩、正风气、强免疫，营造积极健康的政治生态和良好环境，使党员干部干干净净做人、踏踏实实做事。如果说全面从严治党捆住了手脚，那么捆住的就是任性用权者的手脚，是蛮干乱干者的手脚。对那些真正想干事、想干成事的党员干部来说，全面从严治党让他们方向更明确、底线更清晰，也为他们排除了许多外在的干扰因素，更有利于干事创业。可以说，全面从严治党不仅是督促党员干部严于律己、遵纪守法的"紧箍咒"，也是鼓励他们建功立业、敢闯敢为的"护身符"。同时，要坚持严管和厚爱结合、激励和约束并重，坚持"三个区分开来"，健全完善容错纠错机制，从而使党员干部打消顾虑、轻装上阵，把他们的积极性、主动性、创造性充分激发出来。

中国共产党诞生于中华民族最危急的时刻，为了民族的新生而生，为了民族的复兴而兴。100多年来，我们党在改变国家和民族命运的进程中，成为了一个伟大、光荣、正确的党。推进国家现代化、实现民族复兴，是历史和人民赋予中国共产党的神圣责任。使命在身、重托在肩，不可不自强。在新征程上，中国共产党必将以更加崭新的面貌、更加辉煌的业绩，无愧于历史，无愧于时代，无愧于人民。

深度阅读

1. 习近平：《全面从严治党探索出依靠党的自我革命跳出历史周期率的成功路径》，《求是》2023年第3期。

2. 习近平：《健全全面从严治党体系　推动新时代党的建设新的伟大工程向纵深发展》，《求是》2023年第12期。

17 踔厉奋发向未来

——如何理解推进中国式现代化必须
发扬团结奋斗精神?

　　团结奋斗,是流淌在中华民族血液里的文化基因和精神源泉。几千年来,在这片神奇而富饶的土地上,中国人民团结一心、自强不息,用勤劳、智慧和勇敢战胜了数不胜数的艰难困苦,建立起一个统一的多民族国家,创造了世界上唯一绵延不断且以国家形态发展至今的伟大文明。我们靠团结奋斗创造辉煌历史,还要靠团结奋斗开辟美好未来。今天,中国式现代化

的壮丽图景令人心驰神往，中华民族伟大复兴的嘹亮号角让人心潮澎湃，激励着全体中华儿女同心同德、奋发奋进，形成同心共圆中国梦的强大合力。

"积力之所举，则无不胜也；众智之所为，则无不成也。"团结奋斗，最根本的是要把蕴藏于亿万人民群众中的创造伟力激发出来，朝着共同的目标不懈努力。看看今天960多万平方公里的神州热土，到处生机勃发、欣欣向荣，9800多万名中国共产党党员意气风发、锐意进取，14亿多中国人民昂扬奋发、团结拼搏，汇聚起全面建设社会主义现代化国家的磅礴力量，推动中华民族伟大复兴以不可逆转之势攀登到新的历史高度。

◇ 团结凝聚力量

中华民族多元一体、人口众多，团结的价值理念深深融入中国人的精神世界。"人多力量大""人心齐，泰山移""上下同欲者胜""天时不如地利，地利不如人和"等耳熟能详的格言警句，告诉人们唯有团结一致，所有人心往一处想、智往一处谋、劲往一处使，才能形成无坚不摧、无往不胜的强大力量。

中国共产党的百年历史就是一部党领导人民团结拼搏的奋斗史。正是"唤起工农千百万，同心干"，我们才战胜了各种穷凶极恶的敌人，才在一穷二白的基础上建立起社会主义新中国，才在改革开放进程中闯出一条新路，不断把党和国家事业推向前进。新时代的伟大成就是党和人民一道拼出来、干出来、奋斗出来的，是团结的力量创造出来的。荣耀已经铸就，未来正在书写。历史永远眷顾坚定者、奋进者、搏击者。团结起来，行动起来，胜利属于英雄的新时代中国共产党和中国人民。

全党团结成"一块坚硬的钢铁"。恩格斯指出："为了进行斗争，我们必须把我们的一切力量捏在一起，并使这些力量集中在同一个攻击点上。"中国共产党是高度集中统一的马克思主义政党，团结是我们党拥有强大凝聚力和战斗力的关键所在。历史经验反复证明，只要全党步调一致、团结统一，我们就能一往无前，战胜一切艰难险阻和强大敌人；反之，党和人

知识要点

五个必由之路

2022年3月5日，习近平总书记在参加十三届全国人大五次会议内蒙古代表团审议时，首次阐述了新时代党和人民奋进的"五个必由之路"。习近平总书记在党的二十大报告中，再次强调全党必须牢记"五个必由之路"。

一、坚持党的全面领导是坚持和发展中国特色社会主义的必由之路；

二、中国特色社会主义是实现中华民族伟大复兴的必由之路；

三、团结奋斗是中国人民创造历史伟业的必由之路；

四、贯彻新发展理念是新时代我国发展壮大的必由之路；

五、全面从严治党是党永葆生机活力、走好新的赶考之路的必由之路。

民事业就会遭受挫折甚至失败。我们党要完成新时代新征程的使命任务，全党必须紧密团结在以习近平同志为核心的党中央周围，始终做到统一思想、统一意志、统一行动，共同朝着伟大目标奋勇前进。

党同人民"想在一起、干在一起"。党的根基在人民、血脉在人民、力量在人民。党同人民的关系，就像古希腊神话中安泰与大地的关系一样，离开了大地，安泰就失去了力量源泉，脱离了人民，党就会成为无源之水、无本之木。革命战争年代，我们党领导人民军队取得的胜利，是老百姓"用小车推出来的""用小船划出来的"，是人民全力支援拼出来的。现在是和平时期，人民同样是我们党的坚强后盾，是党执政的最大底气。只有始终保持党同人民群众的血肉联系，内部是鱼水情深，对外是钢铁长城，党的事业才能兴旺发达，红色江山才能根基永固。

中华儿女"画出最大同心圆"。建立最广泛的统一战线，是凝聚人心、汇集力量的强大法宝。统一战线的任务，概括地说，就是团结一切可以团结的力量，调动一切可以调动的积极因素，共同致力于推进党和国家事业。以中国式现代化全面推进中华民族伟大复兴，是中国共产党的中心任务，也是全体中华儿女的共同事业。新时代新征程上，必须坚持大团结大联合，坚持一致性和多样性统一，铸牢中华民族共同体意识，广泛凝聚共识，全面汇聚力量，形成百川入海、万壑归流的生动局面。

◇ 斗争赢得主动

什么是斗争？就是矛盾双方互相冲突，一方力求战胜另一方的过程。我们讲团结，并不是不要斗争，两者是内在统一的关系，团结起来就会使斗争更有力量，开展斗争可以促进更大的团结。正如《国际歌》所颂唱的那样，"这是最后的斗争，团结起来到明天，英特纳雄耐尔就一定要实现"。150多年来，这首慷慨激昂的战歌传遍了世界的每一个角落，激励着一切进步力量作最坚决、最顽强的斗争。

从我们党的历史看，建立中国共产党、成立新中国、实行改革开放、推进新时代中国特色社会主义事业，都是在斗争中诞生、在斗争中发展、在斗争中壮大的。特别是进入新时代，我们进行的伟大斗争具有许多新的历史特点，需要应对的风险和挑战、需要解决的矛盾和问题叠加出现，斗争的长期性、复杂性、艰巨性世所罕见、史无前例，需要随时准备经受风高浪急甚至惊涛骇浪的重大考验。推进中国式现代化是守正创新、革故鼎新的过程，更需要我们敢于斗争、善于斗争，在大风大浪中增强斗争本领，依靠顽强斗争打开事业发展新天地。

发扬斗争精神。"志不求易者成，事不避难者进。"这句古语阐明这样一个朴素的道理：越是遇到困难，越要知难而进，这样才能取得常人所不能取得的成就。一个人如此，一个国家更是需要这样的精神。但从现实情况看，由于承平日久，我们

◆◆ 各地开展形式多样的"强国复兴有我"主题活动

当中一些人的斗争意志衰退，贪图安逸、消极懈怠、回避矛盾的思想和行为不同程度地存在。这种精神状态与我们正在进行的事业是不相符的。推进强国建设、实现民族复兴，不是在风平浪静下的马到成功，也不是在鲜花掌声中的乐享其成，只有保持狭路相逢勇者胜、越是艰险越向前的斗争精神，才能赢得战略主动、打开事业新局。

把准斗争方向。习近平总书记指出，共产党人的斗争是有方向、有立场、有原则的，大方向就是坚持中国共产党领导和我国社会主义制度不动摇。我们讲的斗争，不是为了斗争而斗争，也不是为了一己私利而斗争，而是为了实现人民对美好生活的向往、实现中华民族伟大复兴知重负重、苦干实干、攻坚克难。对于那些危害党、国家和人民利益的风险挑战，只要来了，我们就必须进行坚决斗争，毫不动摇、毫不退缩，敢于亮剑、敢于胜利。

掌握斗争规律。自古以来，有勇有谋、智勇双全被人们认为是成大事者的必备品质。但凡在斗争中取得胜利者，不仅有敢打必胜的无畏勇气，而且有克敌制胜的高超智慧，否则要么是软弱懦夫，要么是一介莽夫。斗争是一门艺术，是有规律可循的，必须注重策略方法，做到战略判断和战术决断相统一、敢于斗争和善于斗争相统一、斗争过程和斗争实效相统一。尤其要准确判断斗争形势、合理选择斗争方式、科学把握斗争火候，把准时度效，在斗争中求团结、谋合作、促共赢，争取以最小的代价谋求最大的斗争成果。

老子在《道德经》中讲，"祸兮福之所倚，福兮祸之所伏"。彩虹和风雨共生，机遇和挑战并存，这是亘古不变的辩证法则。我们既要增强忧患意识，又要树立机遇意识，准确识变、科学应变、主动求变，勇于开顶风船，在危机中育新机、于变局中开新局。

◇ 实干创造未来

伟大的剧总是高潮迭起，一个高峰接着一个高峰。新时代以来的十年是历史性的，以后的剧会更加引人入胜、精彩绝伦。

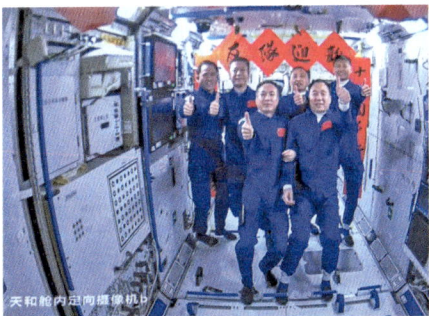

在这场伟大历史活剧中，14亿多中国人都是剧中人，一起走过来，每个人都不容易，每个人都了不起，值得大大点赞。继续朝前走，每个人都是强国建设的参与者，每个人都是民族复兴的追梦人，要用心用情用力去创造属于我们这一代人的荣光。

每个共产党员都是一面旗帜，哪里有需要哪里就有我们的挺身而出、冲锋在前，哪里最艰苦哪里就有我们的牺牲奉献、无怨无悔，哪里最危险哪里就有我们的奋不顾身、舍生忘死，我们是最先被认出来的人，也是坚守到最后的人。

每个工人师傅都是大国制造的链接者，在传统产业上坚守初心、精益求精，在现代化车间里勇于突破、争创一流，在超级工程中操控自如、分毫不差，我们是一颗颗默默无闻的螺丝钉，也是一根根强劲有力的顶梁柱。

每个农民兄弟都是播撒希望的耕耘者，守望着"让中国

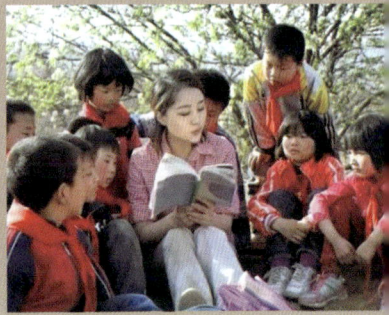

饭碗装中国粮"的丰收田野，建设着"既容得下肉身又安得下灵魂"的美丽家乡，延续着"一抔土、一碗水、一朵云、一生情"的浓浓乡愁，我们是乡土中国的传承者，也是乡村振兴的主力军。

每个科研工作者都是勇攀科技高峰的开拓者，奋战在攻克"卡脖子"难题的第一线，遨游在探索太空奥秘的寰宇间，埋头在"板凳要坐十年冷"的基础研究中，我们是微光暗巷中坚毅前行的"孤勇者"，也是星光大道上熠熠生辉的"领风者"。

每个解放军指战员都是万家灯火的守护者，边关哨所忍受孤寂寒凉，练兵沙场展现威武雄壮，抗灾救灾做到义无反顾，异国他乡不辱维和使命，我们是战火纷飞时逆行出征的人，也是岁月静好时负重前行的人。

每个青年学子都是堪当重任的接班人，有着"请党放心、强国有我"的铮铮誓言，有着"把个人价值融入国家前途命运"的胸怀格局，有着"实干成就梦想、奋斗创造幸福"的精神状态，我们是中华民族现代文明的赓续者，也是中华民族伟大复兴的圆梦者。

每个救死扶伤的医务工作者、每个甘当铺路石的人民教师、每个保护一方平安的公安干警、每个助人为乐的爱心志愿者……无数"每个"构成了今天 14 亿多人的奋斗姿态，绘就出奔跑中国、复兴民族的时代群像。或许我们每个人只是一滴水，但汇聚在一起，就能形成排山倒海的势能，推动历史洪流朝着胜利的彼岸强劲奔涌。

一切都会过去，一切即将开始。我们经历的苦难与辉煌终将成为历史，我们憧憬的光荣与梦想要靠奋斗去实现。我们坚信，党领导人民用伟大奋斗创造了百年伟业，也一定能用新的伟大奋斗创造新的伟业。

深度 阅读

1. 习近平：《为实现党的二十大确定的目标任务而团结奋斗》，《求是》2023 年第 1 期。

2.《国家主席习近平发表二〇二三年新年贺词》，《人民日报》2023 年 1 月 1 日。

后　记

　　参加本书起草和修改工作的有：张首映、郭广银、何亦农、张博颖、林文勋、张政文、韩喜平、郑萼、赵义良、辛向阳、薄洁萍、颜晓峰、林建华、樊伟、曹建文、胡前安、双传学、李仰智、张瑞才、张桥贵、李楠、赵勇富、曾维伦、王德强、喻立平、沈传亮、陈培永、杨生平、张垚、邱吉、刘伟、戴世平、贺祖斌、殷晓元、彭庆红、字振华、高天琼、袁世军、杨建军、肖明江、熊卫松、王建平、陈瑞来、陈殿华、郑毅、陈璐、吴功铭、雷化雨、胡淼森、徐向梅、张明明、郭海军、郐雷、常庆欣、王伟、周友军、叶海涛、沈静慧、冷兰兰、陈巧泉、常培育、晏然、陈黎维、陈学强、刘靖君、王海涛、钟慧容、孙贺、张含、严星、陈新剑、李琦、向征、陈谦、熊文景、孙君镕、乔茂林、李念、兰定兴、陈有勇、陈瑶、刘逸楠、魏晓敏、韩晓雪、董晴、韩翌旸、崔晓丹、韩绮颜、李倩、周雪梅、张瑜、韩祥宇、杨丽雯、林春生、郭富强、谷照亮、喻春曦、董慧、李泓磊、朱凯、施善亮、王艳军等同志。侯军、谢祥、李紫宸、张超同志自始至终参加了调研、起草、修改和统稿工作。徐李孙、何成同志主持本书的编写工作。

　　本书在编写过程中，得到了中央有关单位负责同志和理论界专家学者的大力支持，韩文秀、谢春涛、曲青山、虔震、怀进鹏、潘岳、傅华、高翔、李文堂、王均伟、王慧敏、甄占民、施芝鸿、夏伟东、邢广程、范迪安、杨耕、王博、彭刚、莫砺锋等同志提出了宝贵意见。孙业礼同志审改了全部书稿。

编 者

2023 年 8 月